PREFACE 前　言

本书根据国家汽车空调维修相关行业标准、企业标准，中等职业学校汽车运用与维修专业教学标准以及全国中等职业学校职业技能大赛汽车维修技术比赛项目标准等编写而成。书中介绍的车型以别克威朗轿车为主，介绍了一些较新的技术内容。

汽车维修行业的高速发展，带动了汽车空调维修量持续大幅增长。随着消费升级及节能减排政策的出台，促使汽车空调技术不断改进和完善。汽车空调已不再是单纯地用于制冷制暖，而是涉及节能环保、车内空气质量，同时又要满足消费者个性化需求等。这使汽车空调维修方面的人才需求不断增加、要求越来越高，也对汽车维修专业的职业教育提出了更高的要求。

本书是为适应现代汽车技术职业人才的培养而编写的，适用于中等职业学校汽车运用与维修专业教学和各类汽车维修培训。主要内容包括：空调系统维护、空调性能检测、空调制冷剂泄漏故障检修、冷凝器风扇不工作故障检修、鼓风机缺挡故障检修、压缩机不吸合故障检修、出风模式无法调节故障检修七个项目。

本书的建议学时为108学时，书中各项目模块的参考学时可参见下面学时分配表。

项　目	项目模块	学时	总学时
项目一 空调系统维护	模块一 空调系统使用	4	10
	模块二 空调系统维护	6	
项目二 空调性能检测	模块一 出风口温度与风速检测	6	14
	模块二 RAplus 007综合性能检测	8	
项目三 空调制冷效果差故障检修	模块一 制冷剂鉴定	2	18
	模块二 系统压力检测	6	
	模块三 制冷剂加注	10	
项目四 冷凝器风扇不工作故障检修	模块一 冷凝器风扇检查	4	12
	模块二 冷凝器风扇控制电路检测	8	
项目五 鼓风机缺挡故障检修	模块一 鼓风机检测	4	14
	模块二 鼓风机控制开关检测	2	
	模块三 鼓风机控制电路检修	8	

续表

项　目	项目模块	学时	总学时
项目六 空调不制冷故障检修	模块一 空调压缩机检修	8	28
	模块二 蒸发器温度传感器检测	8	
	模块三 压力传感器检测	8	
	模块四 环境温度传感器检测	4	
项目七 出风模式无法调节故障检修	模块一 模式风门电动机检测	6	12
	模块二 模式风门电动机控制电路检测	6	
合计		108	108

本书具有以下特色：

（1）本书以中等职业学校汽车运用与维修专业教学标准为依据编写，同时参照了汽修类职业培训标准，既适合中等职业学校常规教学和“双证融通”教学使用，又适合于各类汽车职业培训使用。

（2）从基本概念、结构组成、原理入手，通俗易懂，由浅入深，图文并茂，实践操作性强，重视学生动手能力的培养。

（3）体现教学中理论与实践相结合的特点，以任务驱动，采用“工学结合，工作过程系统化”的教学模式，培养学生独立思考，查阅资料分析和解决问题的能力，还要求学生能团结协作、执行6S管理等。教学模拟实际工作情境，学生通过学习与工作过程，学到工作过程知识，不断提高专业知识及实操技能。

（4）教学内容以现代汽车空调系统较新的车型及技术为主，要求学生学到汽车空调系统各零部件及系统的组成、作用及工作原理 、检修及故障诊断与排除方法，能在实际工作中开展检修及故障诊断排除操作，有解决实际问题的能力。

本书由唐明斌、郑烨珺主编，蒋勇主审。朱郁华、徐敏、王群、金豪、林金地、陈涛参与编写。具体编写分工如下：唐明斌负责项目一和项目二中模块一的编写，郑烨珺负责项目二中模块二和项目三的编写，朱郁华负责项目四的编写，陈涛负责项目五的编写，徐敏负责项目六中模块一、二的编写，王群负责项目六中模块三的编写，金豪负责项目六中模块四和项目七中模块一的编写，林金地负责项目七中模块二的编写。

本书在编写过程中得到了上海大众核心职业能力提升培训团队陈云富、谭乐岭，上海市教委教研室谭移民，上海市群益职校程德宝以及上海景格科技股份有限公司的帮助，在此表示衷心感谢！

由于时间仓促，加上编者水平有限，书中难免存在不妥和疏漏之处，敬请读者批评指正。

编　者

2018年2月

“十四五”职业教育国家规划教材

职业学校“双证融通”改革实践成果
职业教育汽车专业“十三五”规划教材

QICHE
KONGTIAO XITONG GOUZAO YU JIANXIU

汽车空调系统构造与检修

唐明斌　郑烨珺　主编
朱郁华　徐　敏　王　群
金　豪　林金地　陈　涛　参编
蒋　勇　主审

中国铁道出版社有限公司
CHINA RAILWAY PUBLISHING HOUSE CO., LTD.

内 容 简 介

本书根据国家汽车空调维修相关行业标准、企业标准，中等职业学校汽车运用与维修专业教学标准以及全国中等职业学校职业技能大赛汽车维修技术比赛项目标准编写而成。

主要内容包括：空调系统维护、空调性能检测、空调制冷剂泄漏故障检修、冷凝器风扇不工作故障检修、鼓风机缺挡故障检修、空调压缩机不吸合故障检修、出风模式无法调节故障检修。

本书适合作为中等职业学校汽车运用与维修等专业的教材，也可以作为汽车维修人员的岗位培训教材或自学用书。

图书在版编目(CIP)数据

汽车空调系统构造与检修/唐明斌，郑烨珺主编．—北京：中国铁道出版社，2018.8（2024.11重印）

职业学校“双证融通”改革实践成果　职业教育汽车专业“十三五”规划教材

ISBN 978-7-113-24673-0

Ⅰ.①汽…　Ⅱ.①唐…　②郑…　Ⅲ.①汽车空调-构造-中等专业学校-教材②汽车空调-维修-中等专业学校-教材　Ⅳ.　①U463.850.3　②U472.41

中国版本图书馆CIP数据核字(2018)第135658号

书　　名：汽车空调系统构造与检修
作　　者：唐明斌　郑烨珺

策　　划：李中宝　　编辑部电话：(010) 83527746
责任编辑：李中宝　绳　超
封面设计：刘　颖
责任校对：张玉华
责任印制：赵星辰

出版发行：中国铁道出版社有限公司（100054，北京市西城区右安门西街 8 号）
网　　址：https://www.tdpress.com/51eds
印　　刷：天津嘉恒印务有限公司
版　　次：2018 年 8 月第 1 版　　2024 年 11 月第 4 次印刷
开　　本：787 mm×1 092 mm　1/16　印张：9.5　字数：225 千
书　　号：ISBN 978-7-113-24673-0
定　　价：49.80 元

CONTENTS 目录

项目一 空调系统维护

项目描述

- 空调系统维护
  - 故障描述
  - 故障分析
  - 项目模块
    - 模块一 空调系统使用
      - 手动空调使用
      - 自动空调使用
    - 模块二 空调系统维护
      - 制冷系统组成
      - 制冷系统工作原理

故障描述

夏天刚至，一辆2016年威朗1.6 L排量轿车来店维修。车主反映空调存在异味，经检查发现空调制冷效果正常、出风口风量正常，空调系统存在一定异味。经询问，这是车主今年夏天第一次使用空调。

故障分析

经检查，确认在A/C开关打开后，鼓风机工作正常、压缩机电磁离合器吸合正常、冷凝器风扇工作正常，制冷效果正常，空调系统存在异味。由于车主反映，车辆空调系统较长时间未保养，可初步判断空调系统需要维护。所以，需要进一步检查维护空调系统。本项目围绕空调系统维护进行两个模块的讲授，即空调系统使用、空调系统维护。

项目模块

模块一　空调系统使用

一、学习目标

1. 知识目标

（1）能阐述手动空调各按钮、旋钮的作用。

（2）能阐述自动空调各按钮、旋钮的作用。

2. 技能目标

（1）能用空调操作面板上的各种按钮或旋钮控制车内温度。

（2）能根据实际需求调节出风模式。

3. 素养目标

（1）能在使用客户车辆前做好各种防护车辆保护措施。

（2）能与客户或团队成员友善、有效沟通。

（3）能根据规范，标准合理使用汽车空调各种功能。

二、知识准备

1. 手动空调的规范使用

汽车空调基本分为两类：手动空调和自动空调。手动空调的风量、出风模式和温度等均为手动调节。手动空调操作面板如图1-1所示。

图1-1　手动空调操作面板

（1）风窗及侧窗除霜

冬季汽车在室外停放一夜，第二天风窗玻璃经常会出现结霜现象。此时风窗及侧窗除霜步骤如下：

图1-2　前窗除霜

① 将出风模式选择旋钮调至前窗除霜（见图1-2）；

② 鼓风机风量开至最大（4挡）；

③ 温度调至最高（最右端）。

（2）风窗及侧窗除雾

由于空气潮湿致使玻璃和窗结雾。此时风窗及侧窗除雾步骤如下：

① 将出风模式选择旋钮调至除雾及吹脚（见图1-3）；

② 根据温度情况，将温度调节旋钮至合适的位置（蓝色区域）；

③ 鼓风机风量开至最大（4挡）；

图1-3　除雾及吹脚

④ 将空调开至制冷模式，使压缩机运行（开关上的信号灯亮起），从而能够快速有效地消除风窗及侧窗上的雾气，确保行车安全。

（3）车内快速取暖

如果希望将车厢内的温度迅速升高至某一高温状态，建议做下列调节：

① 将出风模式选择旋钮调至吹脚（见图1-4）；

② 温度调至最高（最右端）；

③ 鼓风机风量开至最大（4挡）；

④ 开启内循环。

图1-4　吹脚

（4）车内舒适取暖

当车窗已明朗，所需温度已达到时，车内取暖可采取如下方式：

① 将出风模式选择旋钮调至除雾及吹脚（见图1-5）；

② 根据温度情况，将温度调节旋钮调至合适的位置（蓝色区域）；

③ 鼓风机风量开至合适挡位（ 1～3挡 ）。

图1-5　除雾及吹脚

（5）通风

暖风切断后，关闭内循环，进入外循环模式，各出风口输出的都是新鲜空气。

（6）最大制冷

当车外环境温度较高，希望将车厢温度最大限度降低时，建议做下列调节：

① 关闭所有车门和窗户；

② 将空调开至制冷模式，使压缩机运行（ 开关上的信号灯亮起 ）；

③ 将出风模式选择旋钮调至正面出风（见图1-6）；

图1-6　正面出风

④ 温度调至最低（ 最左端 ）；

⑤ 鼓风机风量开至最大（ 4挡 ）；

⑥ 正面出风口拨叉位于全开位置（ 最上端 ），如图1-7所示。

图1-7　正面出风口拨叉位置

（7）一般制冷

① 将空调开至制冷模式，使压缩机运行（ 开关上的信号灯亮起 ）；

② 将出风模式选择旋钮调至正面出风（ 见图1-6 ）；

③ 根据温度情况，将温度调节旋钮至合适的位置（ 蓝色区域 ）；

④ 鼓风机风量开至合适挡位（ 1～3挡 ）；

⑤ 正面出风口拨叉可以选择性位于合适位置。但必须有一个出风口常开，否则制冷系统将会结冰或导致压缩机频繁通断。

2. 自动空调的规范使用

自动空调的风量、出风模式、温度等一切均为自动调节。如果手动设定温度，那么其他都根据设定温度自动调节。自动空调操作面板如图1-8所示。

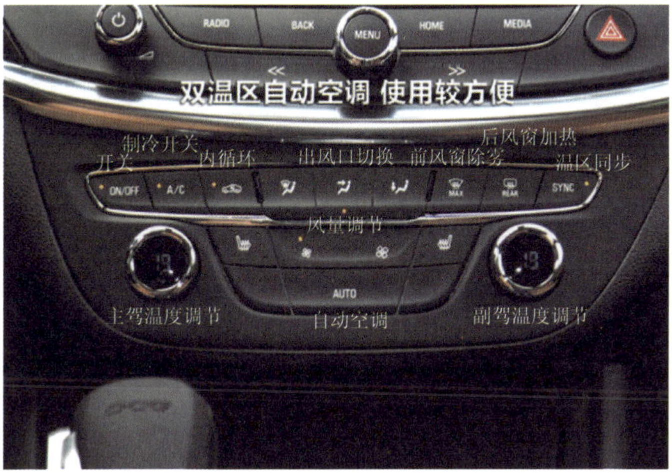

图1-8　自动空调操作面板

（1）自动空调手动调节

出风口和鼓风机转速根据温度设置自动进行调节。

① 调节温度设置：顺时针旋转温度调节旋钮升高温度；逆时针旋转则降低温度。

② 调节鼓风机转速：顺时针旋转风量调节旋钮提高风扇转速；逆时针旋转则降低风扇转速，风扇转速显示在风量调节旋钮上。按下 关闭风扇。

③ 改变出风口：每按下某出风模式按键，即可切换至按键对应的通风模式。显示屏上显示的气流说明如图1-9所示。

（a）吹脸　（b）吹脚　（c）除霜

图1-9　显示屏上显示的气流说明

④ 在车外空气模式和空气再循环模式之间切换时按下按钮，每按一下，即在车外空气模式（指示灯熄灭）和空气再循环模式（指示灯点亮）之间切换。如果长时间采用空气再循环模式，则车窗更容易起雾。

⑤ 给风窗玻璃除雾：在风窗玻璃需要除雾的情况下，空气再循环模式可能会自动切换至车外空气模式。

（2）使用自动模式时，需按下AUTO键

鼓风机转速根据温度设置和环境状况自动进行调节。因此，可能发生下列情况：

① 在夏季，当选择最低温度设置时，系统将自动切换到空气再循环模式。

② 按下AUTO键后，鼓风机可能不会立即转动，直到暖气或冷气已准备妥当才会进行送风操作。

③ 加热器打开时，冷气可能会吹向上身周围。

三、模块实践

（一）实践方案

1. 质量要求

参照厂家的质量标准要求，根据维修手册准确、规范地进行操作。

2. 作业准备

（1）设备器材

别克威朗汽车一辆、车内外三件套各一套、常用工具、工具车、零件车、标保工具车、垃圾桶等。

（2）场地设施

理实一体化教室、废气排放装置、消防设施等。

（3）耗材

干净抹布。

（二）操作步骤

1. 开启汽车空调系统

① 打开点火开关，启动发动机。

② 调节鼓风机风量控制开关加大风量，开启汽车空调（见图1-10）。

图1-10　开启汽车空调

③ 界面显示空调开启。空调开启界面如图1-11所示。

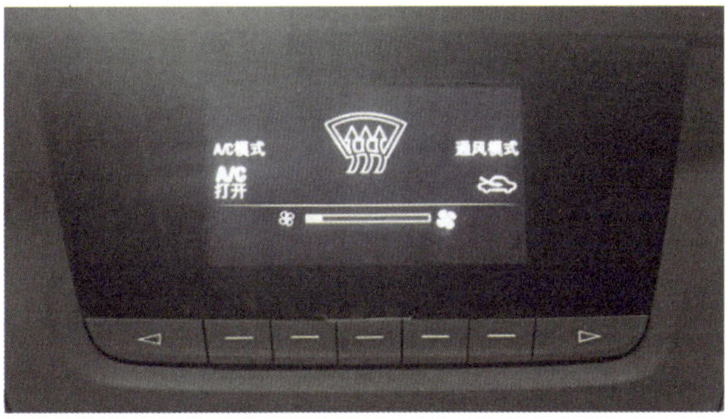

图1-11　空调开启界面

2. 调节空调通风系统

① 使用内外循环按键，切换车辆空调循环模式。

② 使用风量调节开关，增加或降低空调风量（见图1-12）。同时，界面显示鼓风机开启和风量大小（见图1-13）。

图1-12　调节风量

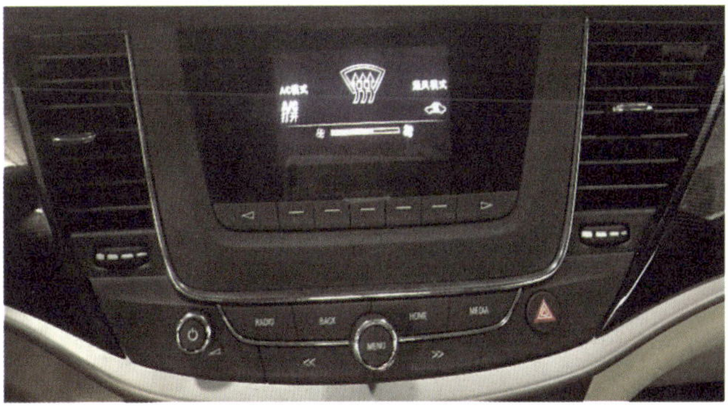

图1-13　鼓风机开启和风量大小显示界面

③ 按下除霜通风按钮（见图1-14），将通风模式改变为除霜通风，将手放置在除霜风口处，感受是否有风吹出。

图1-14　除霜通风按钮

④ 按下面部通风按钮（见图1-15），将通风模式改变为除霜通风，将手放置在面部通风口处，感受是否有风吹出。

图1-15　面部通风按钮

⑤ 按下足部通风按钮（见图1-16），将通风模式改变为足部通风，将手放置在足部通风风口处，感受是否有风吹出。同时，界面会显示不同的出风模式（见图1-17）。

图1-16　足部通风按钮

图1-17　足部通风按钮界面显示

3. 调节空调暖气系统

① 使用空调温度控制按钮（见图1-18），将空调温度设定至28 ℃。

② 待发动机达到工作温度后，暖气系统将开始工作。

图1-18 空调温度控制按钮

4. 调节空调制冷系统

① 按下A/C开关，开启空调制冷模式。

② 调节空调温度控制按钮（见图1-19），将空调温度设定至18℃以下，空调制冷系统将快速降低车厢内的温度。

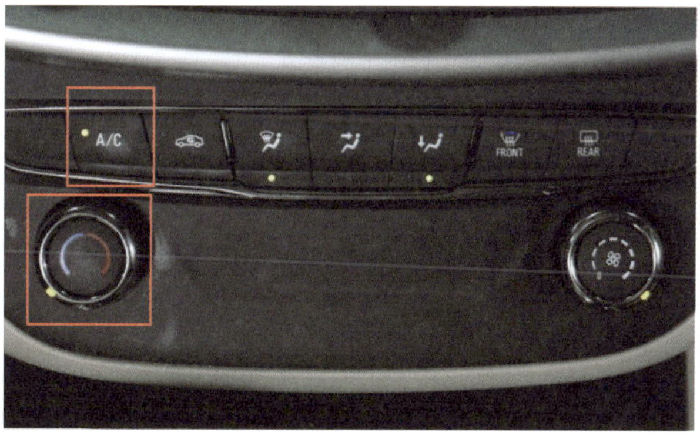

图1-19 空调开关及温度调节开关

四、巩固练习

1. 判断题

（1）冬季汽车在室外停放一夜，第二天风窗玻璃经常会出现结霜现象，此时可以将空调温度调低，打开车辆刮水器。（　　）

（2）装有空调的汽车上，在靠近风窗玻璃的仪表板上装有暖气通风管，利用风扇向风窗玻璃吹暖风，可以有效地防止结霜。（　　）

（3）当环境温度低于5 ℃时无法打开汽车空调制冷系统。（　　）

（4）空调系统内外循环可以控制车辆内部空气是否与外界交换。（　　）

（5）汽车空调系统可以使用按钮对车内的湿度进行调节。（　　）

2. 选择题

（1）汽车空调控制按键AUTO表示（　　）。

A. 自动控制　　B. 停止　　C. 风速　　D. 温度控制

（2）汽车空调控制面板中，（　　）模式可将车外新鲜空气导入车内。

A. FRESH　　B. RECIRC　　C. NORM　　D. DEFROST

（3）手动空调的风量、出风模式和温度等一切均为（　　）调节。

A. 手动　　B. 自动　　C. 真空　　D. 智能

（4）自动空调的风量、出风模式和温度等一切均可实现（　　）调节。

A. 手动　　B. 自动　　C. 真空　　D. 智能

（5）要求汽车空调制冷系统工作，需要进行（　　）操作。

A. 打开内循环模式　　B. 打开外循环模式

C. 打开A/C开关　　D. 调低空调温度

3. 简答题

（1）请说明手动空调与自动空调在控制上有什么区别？

（2）简要说明控制空调制冷系统开启步骤。

五、学习评价

空调系统使用

学生姓名：
作业时间：

序号	项目	评分项目	评价标准	分值	学生自评	学生互评	教师评价
1	开启空调制冷系统	启动发动机	需启动发动机	5			
		调节风量	能调节鼓风机旋钮	5			
		按下A/C开关	按下A/C开关，并观察A/C指示灯点亮	10			
		调节温度至18 ℃	能调节温度旋钮，并观察屏幕上的温度显示	10			
2	出风模式调节	能进行内外循环操作	能调节内外循环按钮	10			
		能进行除霜操作	能在操作面板上找到除霜按钮，并进行操作	10			
		能进行面部出风操作	能在操作面板上找到面部出风按钮，并进行操作	10			
		能进行脚部出风操作	能在操作面板上找到脚部出风按钮，并进行操作，但无需按下A/C开关	10			

续表

序号	项目	评分项目	评价标准	分值	学生自评	学生互评	教师评价
3	开启空调制热系统	启动发动机	需启动发动机	10			
		将温度设定至28 ℃	能调节温度旋钮，并观察屏幕上的温度显示	10			
4	素养要求	按文明生产规则进行操作、及时清理工具和工作现场、执行6S管理		10			
项目得分				100			

模块二　空调系统维护

一、学习目标

1. 知识目标

（1）能阐述空调制冷系统的组成。

（2）能叙述空调系统的制冷原理。

2. 技能目标

（1）能对空调系统进行维护。

（2）能根据检查结果进行调整。

3. 素养目标

（1）能在使用客户车辆前做好各种防护保护措施。

（2）能在对客户车辆进行检查时，做到认真负责、严谨细致、静心专注、精益求精。

（3）能根据维修手册规定的标准流程更换空调滤清器。

（4）能在进行高压系统维护时，做好高压防护工作。

（5）能按文明生产规则进行空调系统维护，及时清理工作现场，进行6S管理。

二、知识准备

1. 汽车空调制冷系统的组成及功用

汽车空调制冷系统主要由压缩机、冷凝器、储液干燥器、膨胀阀、蒸发器、导管与软管、压力开关等组成，如图1-20所示。

压缩机俗称“空调泵”，其作用是使制冷剂保持循环。

冷凝器的作用是对压缩机排出的高温高压气态制冷剂散热降温，使其凝结为液态高压制冷剂。

储液干燥器全称为“储液干燥过滤器”，主要作用是储存制冷剂、过滤水分与杂质、防止气态制冷剂进入蒸发器等。

膨胀阀的作用：

① 节流作用，膨胀阀节流小孔将改变流入的液态制冷剂的压力，从高压变到低压。

② 调节作用，安装在膨胀阀体上的恒温控制阀按照要求改变开启或关闭位置来控制通过节流孔的液态制冷剂的流量。

③ 控制作用，恒温膨胀阀必须快速地对热负载工况变化做出反应。

蒸发器属于直接风冷式结构，是制冷系统中的重要部件之一。

2. 汽车空调制冷系统的工作原理

（1）热交换的基本概念

热交换是指热量从物体内温度较高的部分传递到温度较低的部分或者传递到与之接触的温度较低的另一物体的过程。热交换过程如图1-21所示。

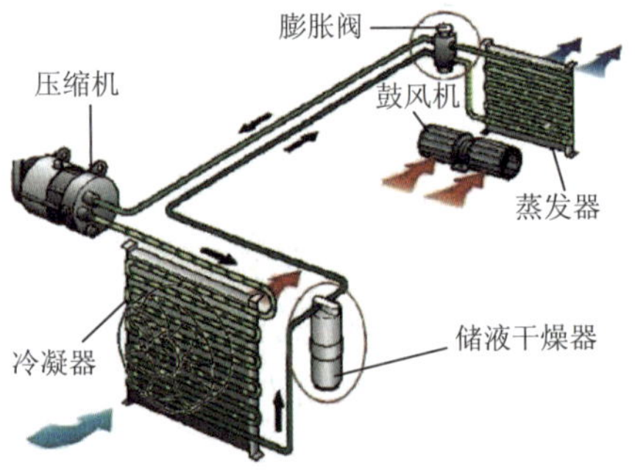

图1-20　汽车空调制冷系统组成

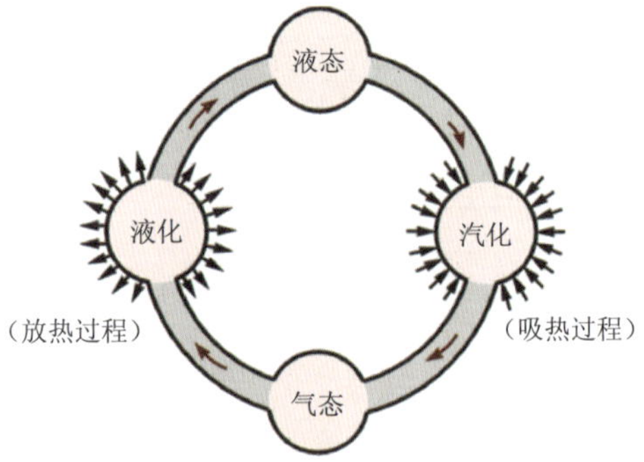

图1-21　热交换过程

液化是指物质由气态转变为液态的过程，会对外界放热。汽化是指物质由液态转变为气态的过程，该过程需要吸热。液化的典型方式是凝结；汽化的两种方式为蒸发和沸腾。

汽车空调和家用空调制冷原理是一样的，都是制冷剂（汽车空调为R134a）被压缩释放的瞬间，体积急剧膨胀，制冷剂由液态转化气态，汽化过程中吸收大量热能的原理来实现制冷的。汽车空调制冷系统就是不断地将制冷剂进行“液化—汽化—液化”的转换装置。

（2）汽车空调制冷系统的工作原理简介

汽车空调制冷系统都是采用R134a（新型无氟环保制冷剂）为制冷剂的蒸气压缩式循环系统。制冷系统工作时，制冷剂以不同的状态在这个密闭系统内循环流动，每一循环需要进行4个基本过程：

① 压缩过程：压缩机将蒸发器低压侧（温度约为0 ℃、气压约为0.15 MPa）的低温低压气态制冷剂压缩成高温（70 ~ 80 ℃）、高压（约1.5 MPa）的气态制冷剂，送往散热器冷却降温。

② 冷凝过程：送往散热器的过热气态制冷剂，在温度高于外部温度很多时，向外散热进行热交换，制冷剂被冷凝成中温，压力为1.0 ~ 1.2MPa的液态制冷剂。

③ 膨胀过程：冷凝后的液态制冷剂经过膨胀阀使制冷剂空间体积增大，其压力和温度急剧下降，变成低温（约-5 ℃）、低压（约为0.15 MPa）的湿蒸气，以便进入蒸发器中迅速吸热蒸发。在膨胀过程同时进行流量控制，以便供给蒸发器所需的制冷剂，从而达到控制温度的目的。

④ 蒸发过程：液态制冷剂通过膨胀阀变为低温低压的湿蒸气，流经蒸发器不断吸热汽化转变成低温（约为0 ℃）、低压（约为0.15 MPa）的气态制冷剂，吸收乘室内空气的热量。从蒸发器流出的气态制冷剂又被吸入压缩机，增压后泵入冷凝器冷凝，进行制冷循环。

制冷循环就是利用有限的制冷剂在封闭的制冷系统中，周而复始地将制冷剂压缩、冷凝、膨胀、蒸发，在蒸发器中吸热汽化，对乘室内空气进行制冷降温。制冷系统的工作过程如图1-22所示。

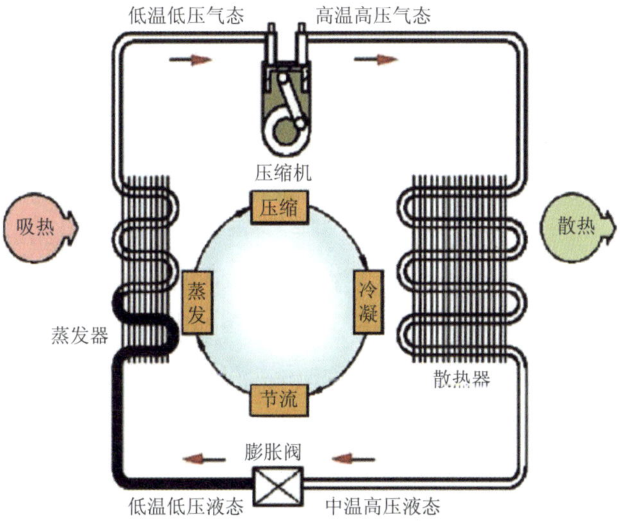

图1-22　制冷系统工作过程

3. 汽车空调的常规检查

作为专业汽车空调维护人员，对车辆空调系统进行常规检查时应做到一问、二听、三看、四摸和五检查。

（1）问

询问车主在使用时是否发现和听到异常情况；上次维护的时间和维修过的地方及原因。这些对维修有一定的帮助。

（2）听

启动发动机并稳定在1 500 r/min左右，打开A/C开关，听压缩机和鼓风机工作是否有异响。

（3）看

看冷凝器表面是否清洁，空调器的蒸发器进风口处空气滤清器是否有脏堵，制冷系统管路的连接处是否有油渍，压缩机轴封、前后盖板的密封轴有无油渍。

（4）摸

用手触摸正在工作着的空调系统管路及各部件的温度。低温区是从膨胀阀出口→蒸发器→压缩机进口处；高温区是从压缩机出口→冷凝器→储液干燥器→蒸发器入口处。若不符合，说明制冷循环出现异常。

（5）检查

检查的具体内容如下：

① 检查空调滤清器；

② 检查带轮的张力；

③ 检查电磁离合器；

④ 检查暖气系统；

⑤ 检查鼓风机及调速器；

⑥ 检查制冷剂观察孔。

4. 汽车空调滤清器

汽车空调滤清器的作用是保持车内空气清洁，保持风扇、加热器和仪表板相关部件的清洁，使风窗玻璃不易雾化。空调滤清器的主要组成部分是滤芯和机壳，其中滤芯是过滤部分，承担着气体的过滤工作。

空调滤清器一般分两类：普通型空调滤清器和活性炭系列空调滤清器。活性炭系列空调滤清器采用三层结构——两层滤纸夹杂着一层活性炭。空调滤清器的两层滤纸材质是不一样的：迎风面一侧的滤纸纤维细密，有效过滤车内空气的杂质（这里所提到的杂质是指颗粒大小为5～100μm的灰尘以及花粉）；而背风面一侧的滤纸纤维稀疏，主要在不降低空气流量的情况下起到固定活性炭夹层的作用，如图1-23所示。

图1-23 活性炭系列空调滤清器

活性炭系列空调滤清器能在空气经过阻流的很短时间段里利用颗粒活性炭本身的物理性能，吸附空气中其他的微小物和更多的有害物质。而普通型空调滤清器就只能起到抑制灰尘和颗粒物进入的作用，所以活性炭系列空调滤清器的效果要比普通型空调滤清器好很多。空调滤清器的更换时间和周期一般为汽车行驶8 000～10 000 km时更换，也可根据行车的外界环境来定，如果环境干湿度对比大，常年气候干燥，风沙大，应提前更换。

5. 空调滤清器对空调系统的影响

如果发现空调系统有异常，应综合考虑的因素有：

① 空调的挡位已经开到了够大，但是制冷或制热的出风量很小，可能的原因是使用的空调滤清器通风效果差，或者空调滤清器使用时间过长，未及时更换。

② 空调工作时吹出的风有异味，原因可能是空调系统已过久未使用，内部系统和空调滤清

器因受潮发霉。建议清洗空调系统，更换空调滤清器。

③ 即使刚更换了空调滤清器，开内循环也无法除去来自外界和内部的空气异味，原因可能是使用的是普通型空调滤清器，建议用活性炭系列空调滤清器。

德国汉诺威医学院的研究人员经过研究发现，汽车空调系统能够除去来自车外80%以上的细菌、真菌孢子和颗粒物，对于有呼吸道疾病和过敏症状的人来说颇有益处。但研究人员同时强调，实验对象内的空调系统一直得到合理的维护、保养，空气过滤器定期得到更换。他们建议车主在闻到可疑气味时尽快检查空调系统。

三、模块实践

（一）实践方案

1. 质量要求

参照厂家的质量标准要求，根据维修手册准确、规范地进行操作。注意保持空调制冷系统循环管路内的清洁。

2. 作业准备

（1）设备器材

别克威朗汽车一辆、车内外三件套各一套、常用工具、工具车、零件车、标保工具车、垃圾桶等。

（2）场地设施

理实一体化教室、废气排放装置、消防设施等。

（3）耗材

干净抹布。

（二）操作步骤

1. 拆卸空调滤清器

① 关闭发动机。

② 打开杂物箱。

③ 拆卸杂物箱固定螺栓（见图1-24），取下杂物箱总成。

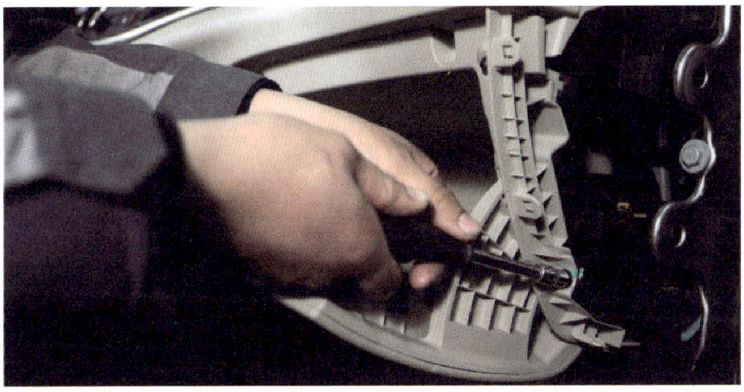

图1-24　拆卸杂物箱固定螺栓

④ 拆下滤清器盖（见图1-25）。

图1-25　拆下滤清器盖

⑤ 取出空调滤清器（见图1-26）。

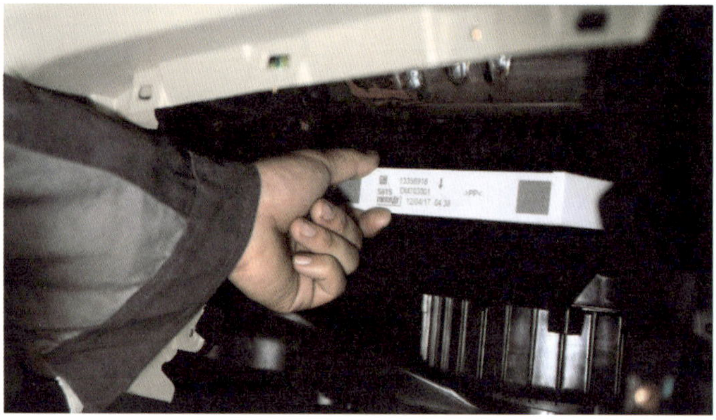

图1-26　取出空调滤清器

2. 清洁或更换新的空调滤清器

（1）清洁空调滤清器

使用压缩空气从底侧向空调滤清器方向吹气，以清洁空调滤清器，如图1-27所示。

图1-27　清洁空调滤清器

注意事项

如果空调滤清器使用的里程数不足30 000 km并且空调滤清器表面有少量灰尘覆盖，可以考虑清洁空调滤清器。

气枪与空调滤清器保持5 cm，用500 kPa的压缩空气吹2 min。

（2）更换空调滤清器

① 检查新的空调滤清器的零件号是否正确（见图1-28）。

图1-28　检查新的空调滤清器的零件号

② 检查新的空调滤清器有无污染或破损（见图1-29）。

图1-29　检查新的空调滤清器有无污染或破损

3. 安装空调滤清器

① 按照图1-30标注的空气流动方向安装空调滤清器。

② 安装空调滤清器盖。

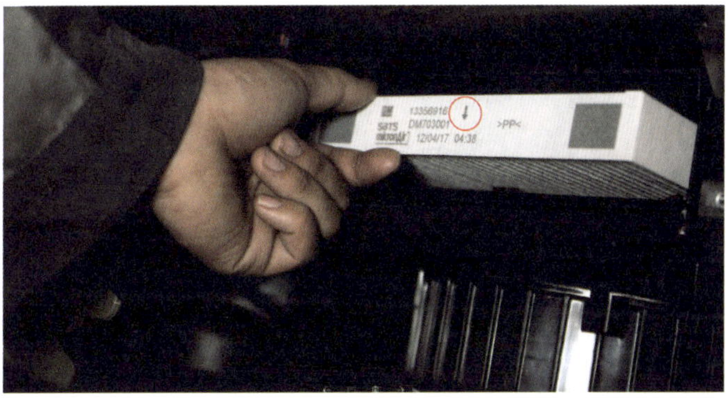

图1-30　安装空调滤清器

③ 安装副驾驶杂物箱。

注意事项

如果空调滤清器使用的里程数超过30 000 km或者空调滤清器表面过脏，可以考虑更换空调滤清器。

4. 检查带轮的张力

汽车压缩机传动带的张力一般为392～588 N，传动带张力过大，易造成压缩机带轮轴承早期失效；导致压缩机噪声大，如不及时修理会造成离合器损坏。传动带张力过小易造成传动带打滑，导致压缩机转速下降，制冷效果差。检测压缩机传动带的张力使用带轮张力器，如图1-31所示。

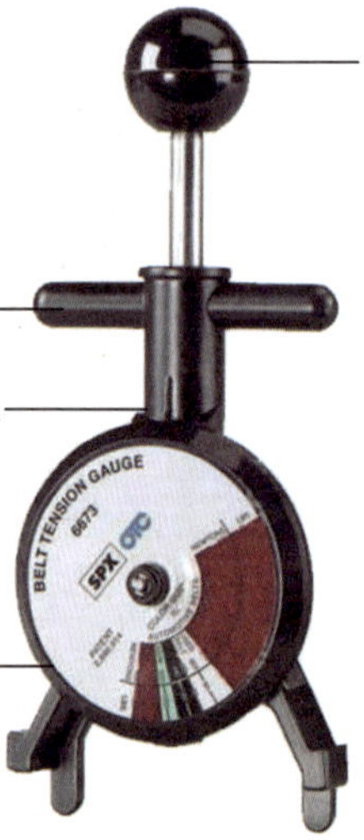

图1-31 带轮张力器

5. 检查电磁离合器

接通A/C开关，压缩机应立即工作；断开A/C开关，压缩机应立即停止工作。在短时间内断开、接通几次，可检查电磁离合器工作是否正常。如果不正常，应先检查电路是否有故障，然后再检查电磁离合器是否正常。

6. 检查暖气系统

首先应该保证有足够的冷却液，观察散热器中是否有足够的冷却液，然后启动发动机，使其怠速5 min后，打开鼓风机开关，拨动调温键，观察出口的温度是否有变化，操纵机构是否移动自如，如果温度不变，操纵吃力，则应修理。最后，观察暖气系统是否漏水等。

7. 检查鼓风机及调速器

按下鼓风机开关后，检查鼓风机工作时是否有异常声响；然后从低挡到高挡分别拨动调速开关，检查其每挡吹出的风量是否有变化。若无风或风速没有变化，则可能是调速器坏或调速电阻坏，应更换。

8. 检查制冷剂观察孔

汽车制冷剂观察孔位于空调管和附件上，将观察孔中所看见的情况与表1-1进行比较。

表1-1 检查制冷剂观察孔

项目	症状	制冷剂量	纠正措施
1	有气泡	不足	（1）检查有无漏气，必要时进行维修。 （2）重新加注适量制冷剂
2	不存在气泡	空、不足或过量	排空制冷剂重新添加
3	压缩机的进气口和出气口没有温差	空或很少	（1）检查有无漏气，必要时进行维修。 （2）排空空调系统，重新加入适量的制冷剂

续表

项目	症状	制冷剂量	纠正措施
4	压缩机进气口和出气口有明显温差	适量或过量	排空空调系统，重新加入适量的制冷剂
5	空调关闭后，制冷剂立即变清澈	过量	（1）重新加注冷却液。 （2）排空空调系统，重新加入适量的制冷剂
6	空调关闭后，制冷剂立即气泡，然后变清澈	适量	

四、巩固练习

1. 判断题

（1）汽车空调系统维护要求中规定车辆需要每半年检查一次制冷剂量是否缺失。（　　）

（2）空调制冷系统主要由压缩机、冷凝器、储液干燥器、膨胀阀、蒸发器、导管与软管、压力开关等组成。（　　）

（3）现代汽车自动空调可根据驾驶人设定温度，外界环境温度、车内温度、太阳光强度等可通过改变鼓风机转速来实现自动调节出气温度。（　　）

（4）空调滤清器有安装方向，更换时不能将空调滤清器反向安装。（　　）

（5）下雨天可以在室外检修汽车空调制冷系统。（　　）

2. 选择题

（1）以别克威朗为例，更换空调滤芯的规定维护里程为（　　）。

A. 10 000 km　　B. 30 000 km

C. 40 000 km　　D. 50 000 km

（2）以别克威朗为例，在拆卸杂物箱步骤中，将杂物箱右侧的缓冲器拉杆下端向（　　）拉动，使其与杂物箱锁销分离。

A. 左　　B. 右

C. 上　　D. 下

（3）以别克威朗为例，在安装空调滤清器芯步骤中，安装空调滤清器时，将空调滤清器按照侧面（　　）指示的方向，水平装入空调滤清器壳内。

A. UP　　B. DOWN

C. ↑　　D. ↓

（4）节流装置的功用是将（　　）节流减压。

A. 高压制冷剂气体　　B. 高压制冷剂气体

C. 低压制冷剂气体　　D. 低压制冷剂气体

（5）汽车空调把整个系统分为高压和低压两个部分，制冷剂在制冷系统中进行制冷循环，每一循环可分为四个工作过程，这四个工作过程的工作顺序是（　　）。

A. 压缩、冷凝、膨胀、蒸发　　B. 压缩、膨胀、蒸发、冷凝

C. 蒸发、冷凝、压缩、膨胀　　D. 蒸发、压缩、膨胀、冷凝

3. 简答题

（1）简述空调系统维护项目有哪些。

（2）简述更换空调滤清器的步骤。

五、学习评价

空调系统维护

学生姓名：
作业时间：

序号	项目	评分项目	评价标准	分值	学生自评	学生互评	教师评价
1	更换空气滤清器	关闭发动机，并拆卸杂物箱	能按标准拆卸杂物箱	5			
		打开滤清器盖	能打开滤清器盖	5			
		取出空调滤清器，并检查	能取出滤清器，并观察滤清器是否有破损或脏堵	5			
		能识别滤清器零件号	能识别相同型号的空调滤清器	5			
		安装滤清器	安装时正反面、前后无错误	5			
		零部件复原	能复原拆卸的零部件	5			
2	检查空调压缩机传动带	检查传动带安装位置	能判断传动带安装是否正确	5			
		检查传动带有无破损、老化、脱落	能检查传动带是否有破损、老化或脱落	6			
		能在适合位置检测传动带张力	张力器安装位置正确	6			
		能用张力器检查传动带张力	能判断张力是否符合标准	8			
3	暖气系统检查	检查发动机冷却液	能判断冷却液液位是否正常	5			
		检查暖风情况	能判断暖风是否正常	5			
		检查 暖风水管	检查暖风水管是否有泄漏	10			
4	检查鼓风机工作情况	按下A/C开关，鼓风机是否联动	能判断鼓风机是否工作	5			
		打开鼓风机，检查每个挡位工作是否正常	能判断每个挡位工作是否正常	5			
		每个挡位风量是否正常	能判断每个挡位的风量变化	5			
5	素养要求	按文明生产规则进行操作、及时清理工具和工作现场、执行6S管理		10			
项目得分				100			

知识迁移与拓展

1. 自动空调的组成

汽车自动空调系统由制冷系统、取暖系统、通风（配气）系统、电子控制系统、空气净化系统五部分组成。其中，电子控制系统包括空调电控单元(ECU)、传感器、执行元件等。

2. 自动空调的分类

汽车自动空调按照控制系统分为：电控气动控制系统、全自动控制系统和微型计算机控制系统3种。

① 电控气动控制系统：当选好空调功能键时，各种温度传感器的信号经电子放大器处理后转变成电流信号，再用真空换能器转变成真空度信号，作用于真空伺服驱动器上，使控制杆轴向移动，与其相连的风门开关、风机转速开关的位置也会发生改变从而控制温度和风量。反馈电位计把控制杆移动量反馈给电子放大器进而不断调节，就能使车内保持在预定温度。

② 全自动控制系统：此系统利用电桥比较计算器和电磁阀取代了放大器和换能器。电桥由车外温度传感器、车内温度传感器、阳光辐射传感器和调温键电阻组成，它和比较器组成控制系统。

③ 微型计算机控制系统：控制中枢为微型计算机，风门控制元件已较少采用真空执行器而用伺服电动机进行控制。相比以上两种，微型计算机控制系统更加精确、细致、调节平顺。

3. 自动空调的工作原理

汽车自动空调是自行控制的，它能根据车厢内外的各种传感器（车室内温度传感器、车室外温度传感器、日照强度传感器、蒸发器出口温度传感器、发动机冷却液温度传感器等）的输出信号，由电子控制系统中的控制中枢进行运算，计算出所需要的送风温度，然后把信息传递给执行机构，对风门、热水阀、电磁离合器、鼓风机等进行自动控制，按照乘员的要求使车厢内的温度保持恒定。

4. 新能源汽车空调系统维护注意事项

新能源汽车压缩机通常由高压三相交流电驱动，压缩机采用永磁无刷电机带动。同时，由于纯电动汽车没有发动机，空调制热由PTC部件提供。因此，新能源汽车空调系统中的压缩机、PTC、空调变频器、连接压缩机以及空调变频器之间的高压线路均为高压部件。

为防止意外触及高压系统，新能源汽车对高压部件均采用特殊的标记或颜色，对维修人员或驾乘人员给予警告。新能源汽车通常采用高压警告标记和高压警告颜色两种形式进行高电压警告，如图1-32所示。

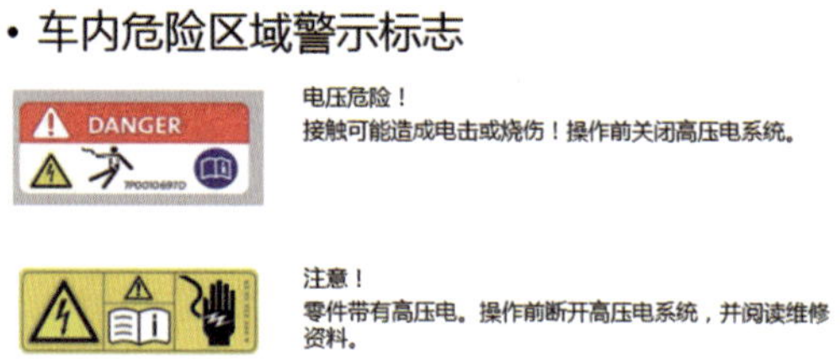

图1-32　高压警告标记

用橙色警告色标记出所有高电压导线，高电压部件的插接件也采用橙色设计。新能源汽车压缩机以及警告标记，如图1-33所示。

图1-33　新能源汽车压缩机及警告标记

因此，在对新能源汽车空调系统进行维护作业时，应着重检查高电压导线是否有破损。同时，维修人员应穿戴绝缘手套、绝缘鞋和防护眼镜等安全用品，并按要求做好高压安全人员及场地防护工作。

项目二

空调性能检测

项目描述

- 空调性能检测
  - 故障描述
  - 故障分析
  - 项目模块
    - 模块一　出风口温度与风速检测
      - 温度计的作用与类别
      - 风速仪的作用与组成
      - 用温度计测量出风口温度
      - 用风速仪测量出风口风速
    - 模块二　RAplus 007综合性能检测
      - RAplus 007检测仪的作用和各项功能
      - RAplus 007检测仪的组成
      - 用RAplus 007对空调系统进行性能测试

故障描述

夏天刚至，一辆2016年威朗1.6L排量轿车来店维修。车主反映空调制冷效果差，但经检查发现，空调压缩机电磁离合器能正常吸合，出风口有风吹出，有制冷效果，凭体感无法确定空调制冷系统是否存在故障。请使用空调系统性能检测仪器来检测空调性能是否良好。

故障分析

经检查，确认在A/C开关打开后，压缩机电磁离合器吸合正常、空调出风口有冷风吹出；但制冷效果无法凭借体感判断是否达到规定制冷效果。所以，需要进一步检查空调制冷系统性能，确认车辆是否存在制冷系统故障。本项目围绕空调性能检测进行两个模块的讲授，即出风口温度与风速检测、RAplus 007 综合性能检测。

项目模块

模块一 出风口温度与风速检测

一、学习目标

1. 知识目标

（1）能叙述温度计的作用和类别。

（2）能叙述风速计的作用与组成。

2. 技能目标

（1）能使用温度计对空调出风口温度进行检测。

（2）能使用风速计对空调出风口风速进行检测。

3. 素养目标

（1）能在进行出风口温度计风速测试前，对客户车辆做好各种防护保护措施。

（2）能在对客户车辆进行检测时，做到认真负责、严谨细致、静心专注、精益求精。

（3）能根据维修手册规定的标准流程进行出风口温度和风速测试。

（4）能按文明生产规则进行空调系统维护，及时清理工作现场，进行6S管理。

二、知识准备

1. 温度计

温度计是可以准确地判断和测量温度的工具，分为数字温度计和电子温度计。根据使用目的的不同，已设计制造出多种温度计。一般说来，一切物质的任一物理属性，只要它随温度的改变而发生单调的、显著的变化，都可用来标志温度而制成温度计。

在汽车空调系统维修中，常使用的温度计有红外线式温度计与笔式温度计两种。

（1）红外线式温度计

红外线式温度计是一种在线监测式高科技检测技术，如图2-1所示，它集光电成像技术、计算机技术、图像处理技术于一身，通过接收物体发出的红外线，将其热像显示在荧光屏上，从而准确判断物体表面的温度分布情况，具有准确、实时、快速等优点。

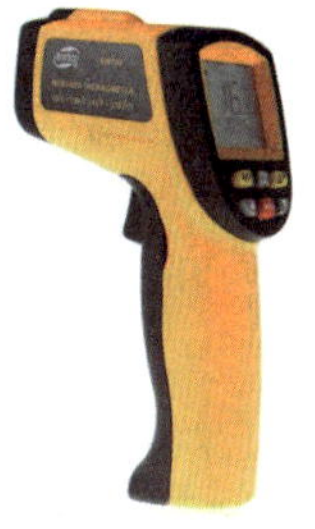

图2-1 红外线式温度计

一切温度高于绝对零度的物体都在不停地向周围空间发出红外辐射能量。物体的红外辐射能量的大小及其按波长的分布，与它的表面温度有着十分密切的关系。因此，红外线式温度计就是通过对物体自身辐射、反射和传导的红外能量进行测量，便能准确地测定它的表面温度。

在汽车空调系统检修中红外线式温度计常用于检测空调部件温度，例如：冷凝器表面温度、空调高低压管道表面温度、冷却液管路表面温度等。红外线式温度计较为适宜检测固体部件的表面温度，而不适合检测流体的表面温度。

（2）笔式温度计

笔式温度计是热敏电阻式温度计的一种，是由热敏温度计主体与金属探针两部分组成的，如图2-2所示。

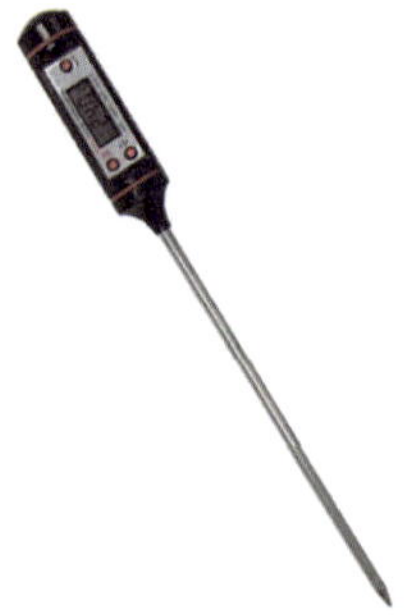

图2-2 笔式温度计

笔式温度计利用其温度计中心热敏电阻作为敏感元件检测温度。半导体热敏电阻（RT）是一种阻值随温度改变发生显著变化的敏感元件。在工作温度范围内，阻值随温度变化而变化。当温度升高时，笔式温度计探针会将温度传递到热敏电阻上，热敏电阻阻值会相应减小，通过的电流就会增加，笔式温度计温度数值也会上升；当热敏电阻阻值增加，通过的电流就会减小，笔式温度计温度数值就会下降。

笔式温度计具有体积小、反应快、使用方便等优点，在空调系统维修中，笔式温度计常用于检测流体温度。如出风口温度、车内温度、环境温度、冷却液温度等。

2. 风速仪

风速仪可用于检测车厢内空调各出风口以及冷凝器前部的风速，如图2-3所示，风速测量柄与机身分开，方便测量。具有高灵敏度和精确测量、数据保持，最大值和最小值保持等功能。

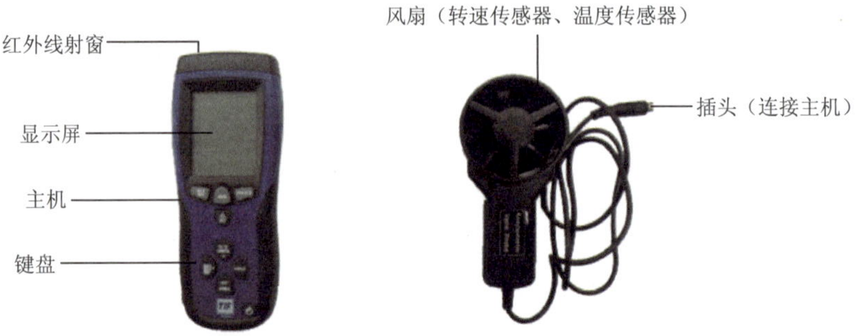

（a）机身　　（b）风速测量柄

图2-3 风速仪

风速仪基本原理是将一根细的金属丝放在流体中，通电流加热金属丝，使其温度高于流体的温度，因此将金属丝风速计称为“热线”。当流体沿垂直方向流过金属丝时，将带走金属丝的一部分热量，使金属丝温度下降。热线散失的热量Q与流体的速度v之间存在函数关系，可以得知当前风速。

三、模块实践

（一）实践方案

1. 质量要求

参照厂家的质量标准要求，根据维修手册准确、规范地进行操作。

2. 作业准备

（1）设备器材

别克威朗汽车一辆、风速仪、笔式温度计、车内外三件套各一套、常用工具、工具车、零件车、标保工具车、垃圾桶等。

（2）场地设施

理实一体化教室、废气排放装置、消防设施等。

（3）耗材

干净抹布。

（二）操作步骤

1. 出风口温度检测

① 连接车辆尾气排放管，启动车辆。

② 开启车辆空调制冷系统，将空调循环模式调至内循环，将制冷量调制最低，将鼓风机风量调制5挡。

③ 关闭车门等待10 min。

④ 将笔式温度计插入出风口风道内，等待数据稳定。

⑤ 读取笔式温度计数据（见图2-4），参考值应为3 ~ 15 ℃。若温度高于参考值范围，则说明汽车空调存在制冷不良故障。

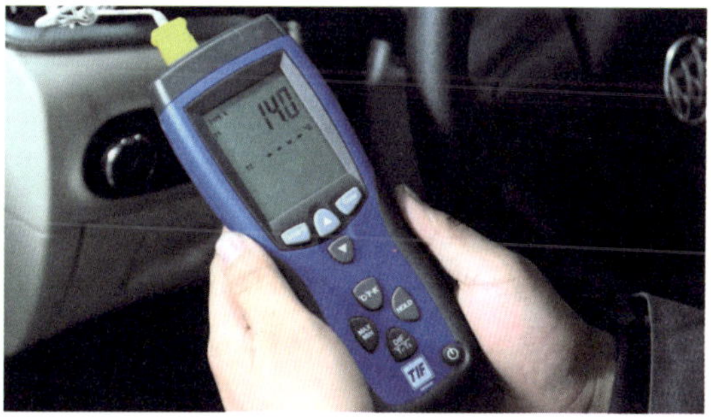

图2-4　读取笔式温度计数据

注意事项

检测时应尽可能将笔式温度计探针探入出风口风道深处，且测量过程中不可用手接触笔式温度计探针以免影响测试准确性。

2. 出风口风速测量

① 连接车辆尾气排放管，启动车辆。

② 开启车辆空调制冷系统，将吹风模式调至面部吹风。

③ 将风速测量柄连接至风速仪机身上，开启风速仪电源开关。

④ 将风速测量柄靠近空调出风口，观察风量数据（见图2-5），并将记录数据与维修手册上的标准数据对比，若小于正常值，则说明空调鼓风机工作不良。

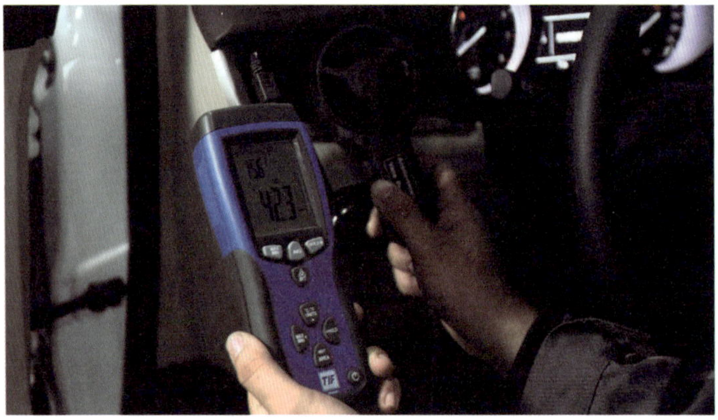

图2-5　测量出风口风速

⑤ 以同样的步骤检测其他出风口风量，并对比所有出风口风量数值。若有某出风口风量较小，则可能存在风道阻塞和风门卡滞等故障。

四、巩固练习

1. 判断题

（1）温度计是可以准确判断和测量温度的工具，分为指针式温度计和压力式温度计。（　　）

（2）笔式温度计利用其温度计中心水银温度计作为敏感元件来检测温度。（　　）

（3）风速仪可用于检测车厢内空调各出风口以及冷凝器前部的风速，具有高灵敏度和精确测量、数据保持，最大值和最小值保持等功能。（　　）

（4）当车辆空调配气系统发生阻塞时，使用风速仪无法判断故障。（　　）

（5）空调温度计检测出风口温度时，需要将汽车所有车门打开，并将空调出风口风量调节至最大。（　　）

2. 选择题

（1）空调管路温度可以使用（　　）来检测。

A. 水银温度计　　B. 笔式温度计

C. 红外温度计　　D. 触感

（2）下列不属于空调诊断仪主要检测项目的是（　　）。

A. 测量空调运行时管路的高压和低压值

B. 测量车厢空调出风口温度和湿度

C. 为卸载机构提供液压的动力

D. 测量蒸发器入口和出口的温度

（3）对空调系统出风口温度检测时的注意事项错误的是（　　）。

A. 需要使用笔式温度计　　B. 检测点需要更靠近风道深处

C. 需要将制冷温度调至最低　　D. 需要取出空调滤清器

3. 简答题

（1）简述空调出风口温度的检测步骤。

（2）简述空调出风口风量的检测步骤。

五、学习评价

出风口温度与风速检测

学生姓名：

作业时间：

序号	项目	评分项目	评价标准	分值	学生自评	学生互评	教师评价
1	温度检测	启动发动机，按下A/C开关	启动发动机，按下A/C开关，并确认压缩机电磁离合器工作	10			
		打开鼓风机	鼓风机调至最大	5			
		调节温度旋钮	温度调至最低	5			
		调至内循环，选择面部出风模式	选择正确出风模式	10			
		打开全部车门和车窗	降下车窗并打开所有车门	10			
		使用温度计测量出风口温度	能正确使用温度计并判断温度在正确的范围内	15			
2	风速检测	启动发动机，并打开鼓风机	必须启动发动机	10			
		将鼓风机调至最大，并逐一选择出风模式	鼓风机调至最大，并选择不同出风模式	10			
		在不同出风口检测风速	正确使用风速计，并能判断风速是否在正确范围内	15			
3	素养要求	按文明生产规则进行操作、及时清理工具和工作现场、执行6S管理		10			
项目得分				100			

模块二　RAplus 007综合性能检测

一、学习目标

1. 知识目标

（1）能叙述RAplus 007检测仪的作用和各项功能。

（2）能叙述RAplus 007检测仪的组成。

2. 技能目标

（1）能正确连接RAplus 007检测仪各传感器。

（2）能用RAplus 007检测仪对空调系统进行性能检测。

3. 素养目标

（1）能在进行综合性能检测前，对客户车辆做好各种防护保护措施。

（2）能根据产品使用要求组装RAplus007设备，并在组装时做到精益求精。

（3）能根据维修手册规定的标准流程进行空调系统综合性能检测。

（4）能按文明生产规则进行空调系统维护，及时清理工作现场，进行6S管理。

二、知识准备

汽车空调RAplus 007检测仪是博士公司出品的一款智能式汽车空调诊断仪，其可以测量、监控、诊断整个空调系统的工作状态，检测某个零件或者系统的某项功能，通过USB连接到计算机储存或打印诊断报告。

汽车空调RAplus 007检测仪由主机、温度和湿度传感器、高/低压传感器、温度传感器与电源线组成，如图2-6所示。

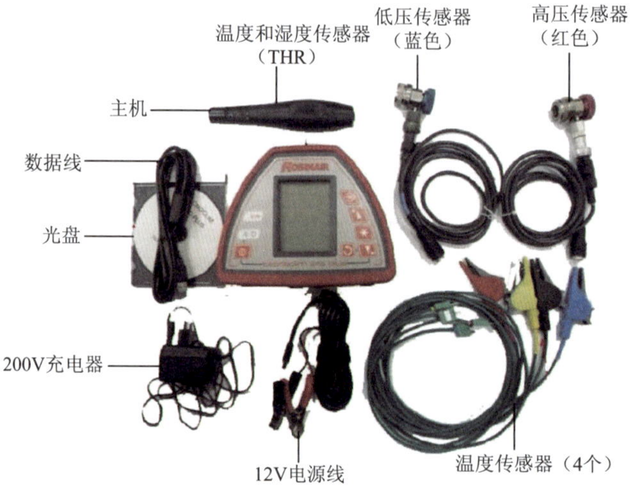

图2-6　汽车空调RAplus 007检测仪外观组成

汽车空调RAplus 007检测仪主机面板上有电源开关键、菜单键、上下键、确认键以及返回键等，如图2-7所示。当按下电源开关键后，电源指示灯与显示器会亮起并开始进入系统，当诊断仪使用USB连接计算机时，USB指示灯会亮起。

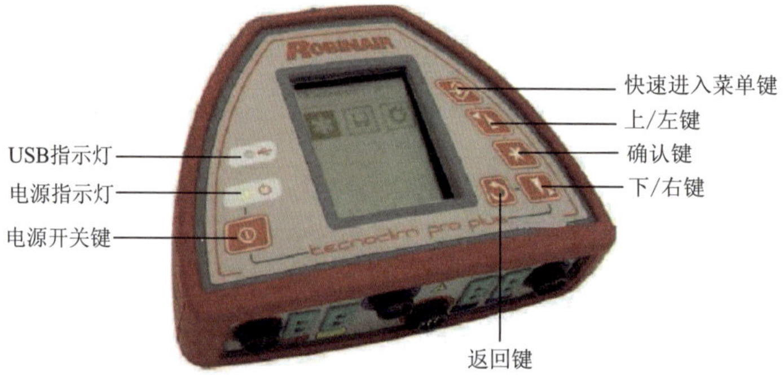

图2-7　RAplus 007检测仪主机面板

汽车空调RAplus 007检测仪带有3种功能模式：诊断功能、监控功能和测量功能。

（1）诊断功能

RAplus 007检测仪可以自动分析和解释测量的结果，并带有步骤指导功能。

（2）监控功能

RAplus 007检测仪可以监控空调系统效率、制冷剂含量、压缩机、膨胀阀和蒸发器等。

（3）测量功能

RAplus 007检测仪可以测量高/低压管路温度、环境温度、通风口温度、湿度等，并可以同步显示图形或详细数据。

三、模块实践

（一）实践方案

1. 质量要求

参照厂家的质量标准要求，根据维修手册准确、规范地进行操作。注意保持空调制冷系统循环管路内的清洁。

2. 作业准备

（1）设备器材

别克威朗汽车一辆、RAplus 007检测仪、车内外三件套各一套、常用工具、工具车、零件车、标保工具车、垃圾桶等。

（2）场地设施

理实一体化教室、废气排放装置、消防设施等。

（3）耗材

干净抹布。

（二）操作步骤

1. 连接诊断仪线束

将诊断仪电源线束及传感器线束连接至诊断仪上，线束的颜色应与主机接口颜色一致，如图2-8所示。

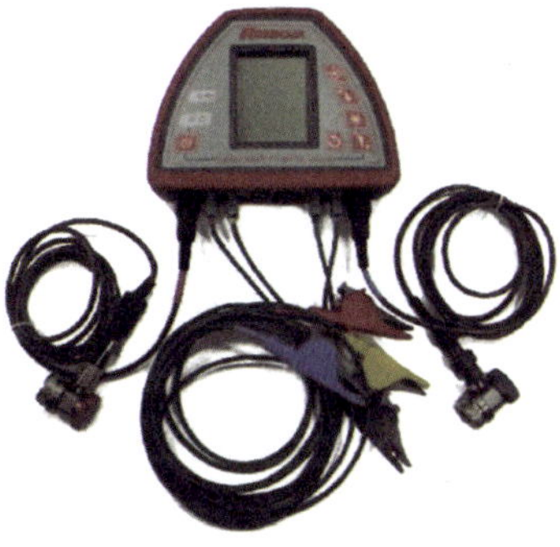

图2-8　连接诊断仪线束

根据表2-1测量参数表，将诊断仪传感器连接至实训车辆上。

表2-1　测量参数表

项　　目	测 量 部 位	测 量 元 件	测 量 方 式
低压侧制冷剂压力	低压维修阀门	低压传感器（蓝色）	有线
高压侧制冷剂压力	高压维修阀门	高压传感器（红色）	有线
冷凝器入口温度	冷凝器入口金属管路	TK1传感器（红色）	有线
冷凝器出口温度	冷凝器出口金属管路	TK2传感器（黄色）	有线
蒸发器入口温度	蒸发器入口金属管路	TK3传感器（黑色）	有线
蒸发器出口温度	蒸发器出口金属管路	TK4传感器（蓝色）	有线
环境温度和相对湿度	距车辆2 m部位	THR传感器	无线
出风口温度和相对湿度	中央出风口部位	THR传感器	无线
制冷剂压力信号	制冷剂压力传感器的信号线	HP1000电缆（选装）	有线
压缩机工作电压	压缩机控制线	CRCO PSA电缆（选装）	有线

2. 进入诊断程序

① 按下开机键开机，等待系统启动后，使用方向键进入空调诊断菜单（见图2-9）。

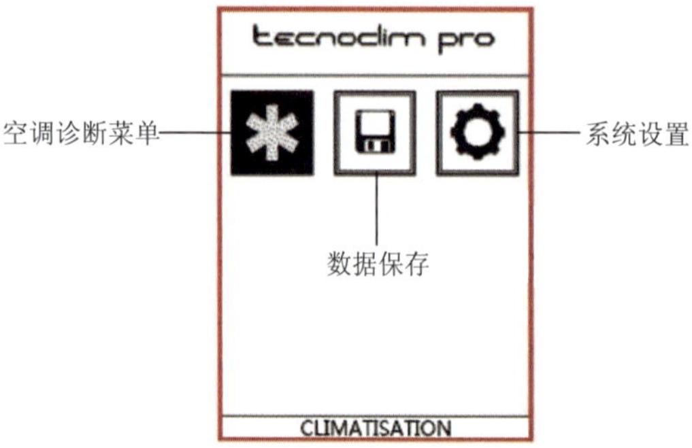

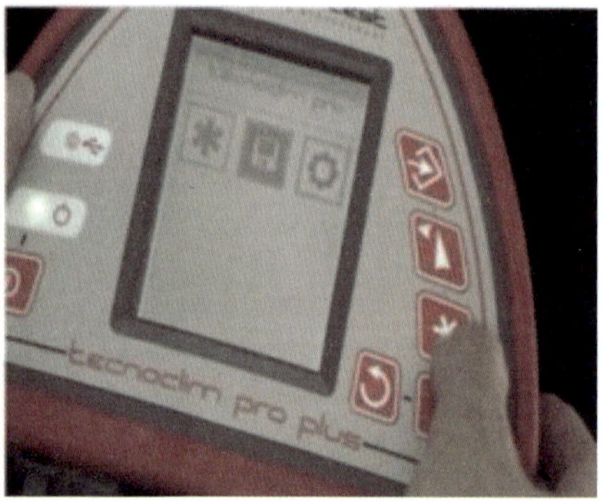

图2-9　进入空调诊断菜单

② 进入空调诊断菜单，有效率菜单、自动诊断菜单、控制菜单和测量菜单可供选择（见图2-10）。

③ 进入空调诊断菜单后选择自动诊断菜单。

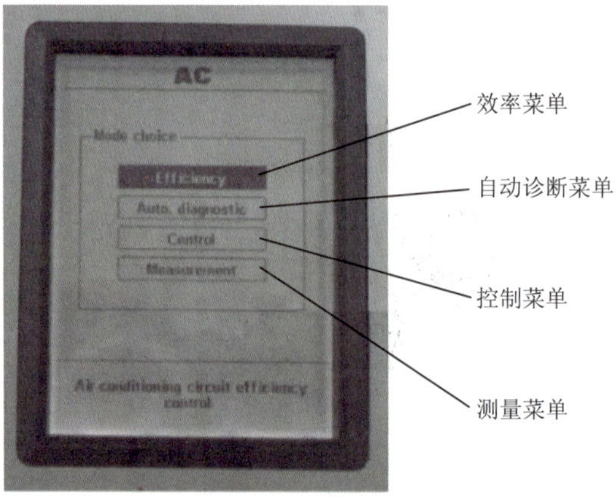

图2-10　选择进入自动诊断菜单

④ 选择进入空调配置菜单（见图2-11），并根据车辆空调情况选择适合的配置。

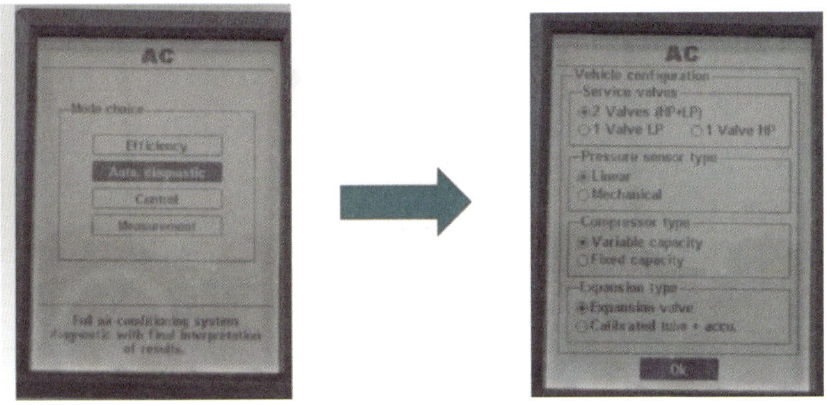

图2-11　进入空调配置菜单

⑤ 根据提示，检查高/低压管路传感器连接，完成后按下确认键（见图2-12）。

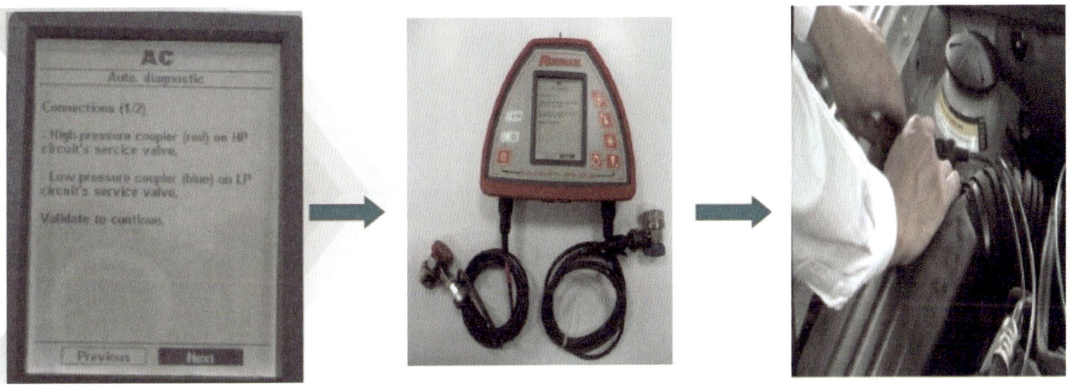

图2-12　检查高/低压传感连接

⑥ 根据提示检查T2、T3、T4连接，完成后按下确认键（见图2-13）。

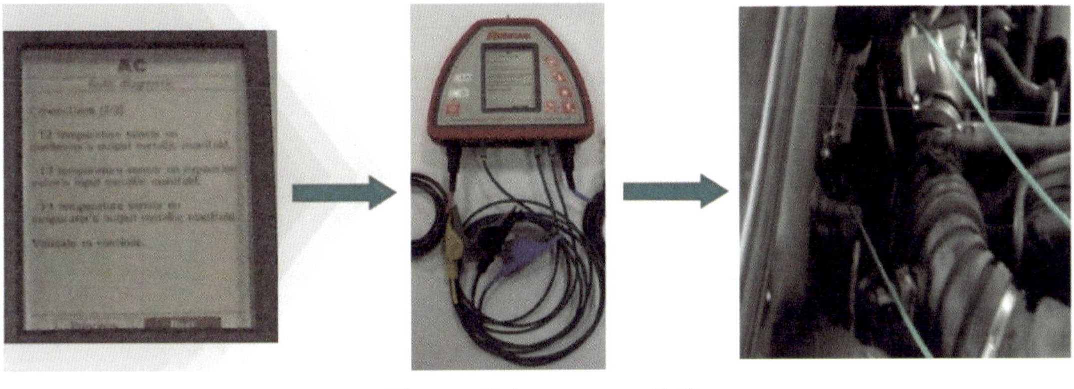

图2-13　检查T2、T3、T4连接

⑦ 连接THR传感器，放置在车前2 m处，单击确认，仪器将会显示环境温度与湿度值（见图2-14）。

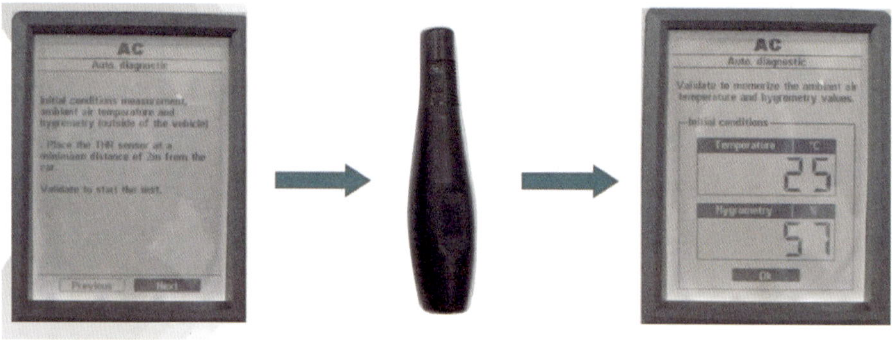

图2-14　检查环境温度与湿度

⑧ 启动车辆，打开汽车空调，将温度调制最低，将风速调制3挡。将THR传感器放置在空调出风口处，按下确认键，仪器将开始诊断，需要等待60 s（见图2-15）。

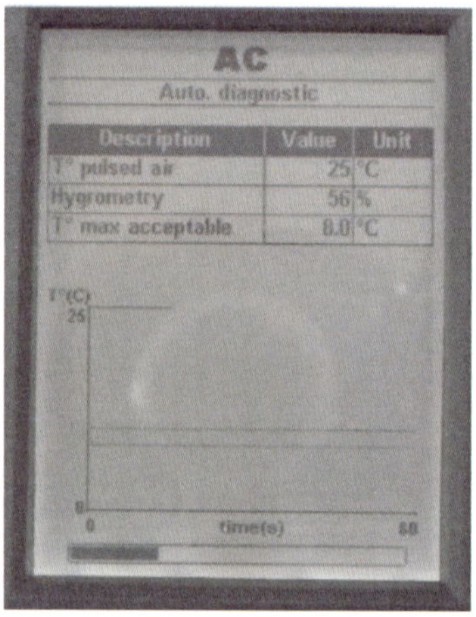

图2-15　等待设备完成检测

⑨ 设备完成诊断后将会显示测试数据，如图2-16所示。

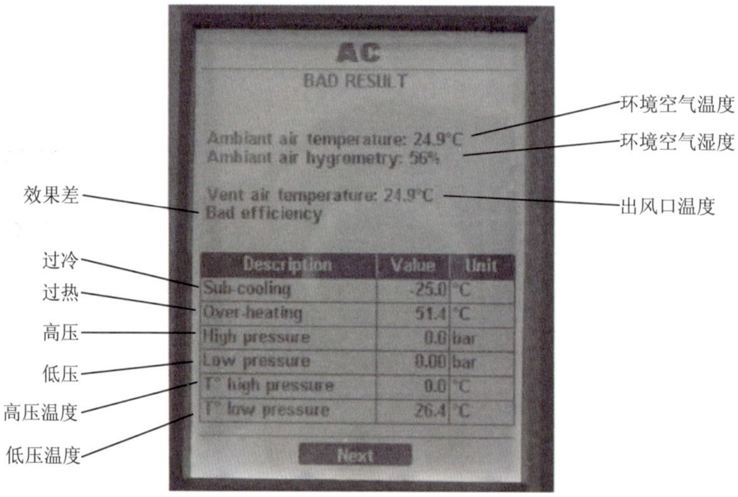

图2-16　显示测试数据

⑩ 按下确认键后，仪表显示可能故障原因提示，可根据故障原因提示诊断相关故障（见图2-17）。

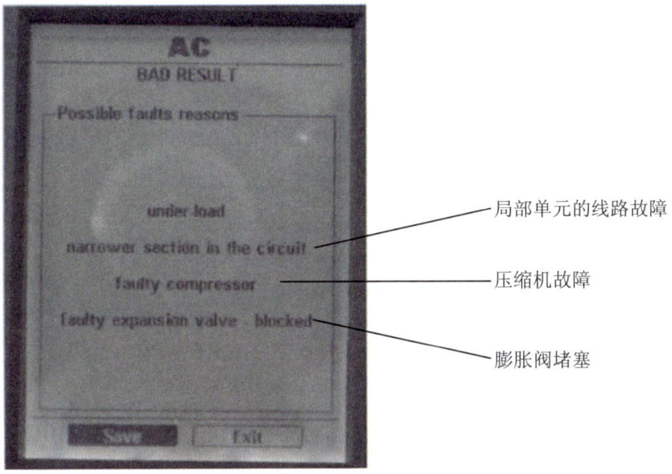

图2-17　可能故障原因提示

四、巩固练习

1. 判断题

（1）汽车空调RAplus 007检测仪由主机、温度和湿度传感器、高/低压管路、温度传感器与电源线等组成。（　　）

（2）RAplus 007检测仪的自动诊断功能，可以自动分析和解释测量的结果，并带有步骤指导功能。（　　）

（3）汽车空调RAplus 007检测仪带有3种功能模式：诊断功能、监控功能和测量功能。（　　）

（4）使用RAplus 007检测仪可以确认空调压缩机是否存在内部泄压。（　　）

（5）汽车空调RAplus 007检测仪主机面板上有电源开关键、菜单键、上下键、确认键以及返回键等。（　　）

2. 选择题

（1）RAplus 007检测仪中空气温度与湿度传感器需要在车前（　　）来检测。

A. 0.5 m　　B. 1 m　　C. 2 m　　D. 4 m

（2）作为一名技师，在汽车空调的常规检查时应该做到（　　）。

①问；　②听；　③摸；　④检查

A. ①②③　　B. ②③④　　C. ①②④　　D. ①②③④

（3）学生甲说："汽车空调维修通用工具有活扳手、开口扳手、鲤鱼钳、一字螺丝刀、汽车专用万用表、低压测电笔"；学生乙说："汽车空调维修通用工具有套筒扳手、内六角扳手、尖嘴钳、十字螺丝刀、汽车内饰桥板、汽车专用万用表。"甲乙二人（　　）。

A. 甲乙都对　　B. 甲乙都不对　　C. 甲对　　D. 乙对

（4）在把空调RAplus 007检测仪压力检测器接在汽车高低压接头上时，下列说法正确的是（　　）。

A. 红、蓝分别接在低压、高压接头上

B. 红、蓝分别接在高压、低压接头上

C. 红、蓝只需要连接红色接头

D. 红、蓝只需要连接蓝色接头

3. 简答题

（1）简述系统压力检测前准备工作有哪些？

（2）简述空调制冷系统压力检测的步骤。

五、学习评价

RAplus 007 综合性能检测

学生姓名：
作业时间：

序号	项目	评分项目	评价标准	分值	学生自评	学生互评	教师评价
1	连接传感器	连接低压侧制冷剂压力阀	能正确识别并连接阀口	5			
		连接高压侧制冷剂压力阀	能正确识别并连接阀口	5			
		连接冷凝器入口温度传感器	能正确识别并连接传感器	5			
		连接冷凝器出口温度传感器	能正确识别并连接传感器	5			
		连接蒸发器入口温度传感器	能正确识别并连接传感器	5			
		连接蒸发器出口温度传感器	能正确识别并连接传感器	5			
2	性能检测	开机并进入自动诊断程序	进入自动诊断程序	10			
		选择车辆配置	正确选择车辆配置	5			
		测量环境温度与湿度	测量方法正确，传感器放在距离车辆2 m处	10			
		在车内安装温度传感器	正确安装温度传感器	10			
		打开车辆制冷系统	温度调至最低，鼓风机调至最大，打开车门	5			
		查看空调制冷系统各项数据	能判断各数据是否在正确范围内，能判断空调制冷系统工作性能是否正常	20			
3	素养要求	按文明生产规则进行操作、及时清理工具和工作现场、执行6S管理		10			
项目得分				100			

知识迁移与拓展

1. 电子式卤素检漏仪

电子式卤素检漏仪（见图2-18）与其他检漏设备相比的优点是使用方便、不需要点火、不产生有毒物质、预热时间短、灵敏度高、质量小、体积小、检测范围广等特点，可以探测到微量泄漏。

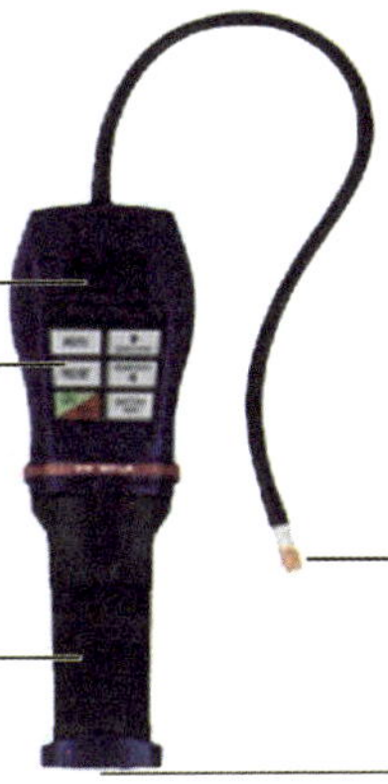

图2-18 电子式卤素检漏仪

2. 安全操作注意事项

（1）维修汽车空调的安全操作规程

① 如果汽车检修时必须打开制冷回路，则首先应将制冷回路排空，而且避免与液态制冷剂或制冷剂蒸气接触。如果尽管遵守了安全操作规程还是有制冷剂逸出，则切勿将产生的制冷剂/空气混合物吸进体内。

② 打开现场的抽气装置时，务必带上橡胶手套及护目镜，做好防护。其原因是，制冷剂接触身体裸露部位会产生强烈的冷冻效应。制冷剂是无色无臭的，其密度大于空气，所以能将氧气排开，而人则毫无感觉。

③ 建议准备一个眼睛冲洗瓶，如果液态制冷剂溅到眼睛内，必须彻底清洗眼睛大约15 min，然后滴上眼药水，即便眼睛不疼痛，也要立刻找医生治疗，必须告诉医生，冻伤是由何种制冷剂造成的。

④ 如果尽管遵守了安全操作规程，制冷剂还是接触到了身体其他部位，则同样要用冷水立刻进行彻底冲洗，至少15 min。

⑤ 尽管制冷剂不可燃，也不得在有制冷剂的场所进行焊接或者软硬钎焊。其原因是，火焰或灼热物体的高温会使制冷剂气体发生化学分解，产生的毒性分解物会刺激呼吸系统，出现咳嗽和恶心。

⑥ 制冷剂不得排放到周围环境中，应用吸液泵或制冷剂填充机从制冷剂回路中抽出。抽出的制冷剂可在当地重新处理，其原因是制冷剂R134a如果进入地球大气层，会强化温室效应。

（2）汽车空调制冷回路操作须知

① 只允许在通风良好的场所对制冷回路进行维修。同时应注意周围5 m以内不得有维修地沟、井或地下室走道。同时应打开现场的排气装置。

② 空调系统中损坏或泄漏的部件不得用焊接或钎焊方法修复，应当更换。

③ 对空调系统进行维修操作时，应将空调系统所有打开的部件和管道接口重新封闭。

④ 维修中进行喷漆操作时，烘箱或者其预热区内工件的最高温度不得超过80℃。由于加热会在系统内产生很高的正压力，所以会导致系统爆裂。

⑤ 制冷剂容器（如制冷剂填充机的填充缸）绝不能有强烈升温或者直接置于阳光辐射下。

储存容器内不得充满液态制冷剂。容器如果没有足够的膨胀空间（气体腔），则在温度升高时会产生严重的后果。

⑥ 制冷剂添加装置和容器内不得有空气存在。装置和容器在充入制冷剂前要抽真空。

⑦ 在充有制冷剂R134a的空调系统内绝不能加入制冷剂R12。同样也不得将制冷剂R134a加到采用制冷剂R12的空调系统内，因为在制冷回路中的零件材料均是按照所采用的制冷剂选择的。制冷剂R12的空调系统在更换特定的零件后，也可以采用制冷剂R134a。

⑧ 为各种制冷回路专门开发的制冷润滑油也不得相互混合。

⑨ 采用制冷剂R134a的空调系统的零件上均标有符号和绿色贴签，或者其结构设计成无法与采用制冷剂R12的零件相混淆（如采用不同的螺纹）。

⑩ 在发动机舱、锁梁或者散热器上有一个标示牌，注明所使用的是何种制冷剂。不同的制冷剂不允许相互混合在一起。

项目三

空调制冷效果差故障检修

项目描述

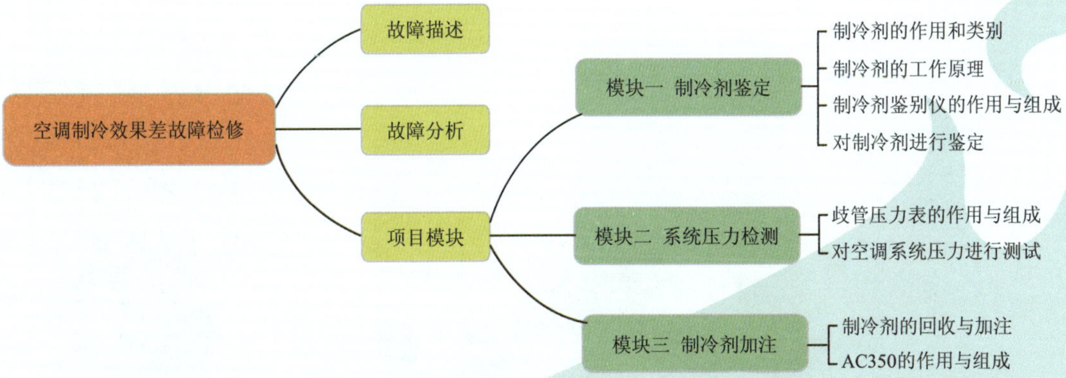

故障描述

夏天刚至，一辆2016年威朗1.6L排量轿车来店维修。车主反映空调制冷效果差，经检查，发现当按下AC开关后，压缩机能正常吸合，但制冷效果不明显，鼓风机工作正常，出风口风量正常。经询问，这是车主今年夏天第一次使用空调。

故障分析

经检查，确认在AC开关打开后，鼓风机工作正常、压缩机电磁离合器吸合正常、冷凝器风扇工作正常，但制冷效果差，用手触摸蒸发器出口管口感觉不是很冷，可以确认故障现象为空调制冷效果差。由于压缩机电磁离合器能正常吸合、冷凝器风扇工作正常，可初步判断制冷系统电子控制部分工作正常。所以，需要进一步检查系统压力，确认故障原因为系统中制冷剂过少。本项目围绕制冷剂过少原因进行三个模块的讲授，即制冷剂鉴定、系统压力检测、制冷剂加注。

项目模块

模块一　制冷剂鉴定

一、学习目标

1. 知识目标

（1）能叙述制冷剂的作用和类别。

（2）能阐述制冷剂的工作原理。

（3）能阐述制冷剂鉴别仪的作用和组成。

2. 技能目标

（1）能正确连接制冷剂鉴别仪。

（2）能用制冷剂鉴别仪对制冷剂进行鉴别。

3. 素养目标

（1）能在进行制冷剂鉴定前，对客户车辆做好各种防护保护措施。

（2）能根据产品使用要求组装制冷剂鉴别仪，并在组装时做到精益求精。

（3）能根据维修手册要求进行制冷剂鉴别。

（4）能按文明生产规则进行空调系统维护，及时清理工作现场，进行6S管理。

二、知识准备

1. 制冷剂

制冷剂又称制冷工质，是制冷循环的工作介质。利用制冷剂的相变来传递热量，制冷剂在蒸发器中汽化时吸热，在冷凝器中凝结时放热。

汽车空调制冷剂主要采用R134a（1，1，1，2—四氟乙烷）。R134a是一种不含氯原子，对臭氧层不起破坏作用，具有良好的安全性能（不易燃、不爆炸、无毒、无刺激性、无腐蚀性）的制冷剂，其制冷量与效率与R12（二氯二氟甲烷，氟利昂）非常接近，所以被视为优秀的长期替代制冷剂。R134a是目前国际公认的R12最佳的环保替代品；完全不破坏臭氧层，是当前世界绝大多数国家认可并推荐使用的环保制冷剂，也是目前主流的环保制冷剂，广泛用于新制冷空调设备上的初装和维修过程中的再添加；R134a的毒性非常低，在空气中不可燃，安全类别为A1，是很安全的制冷剂。

R134a主要的物理性质见表3-1。

表3-1　R134a主要的物理性质

分子式	CH_2FCF_3
沸点（101.3kPa）/℃	-26.1
临界温度/℃	101.1
临界压力/kPa	4 066.6
液体密度/（kg/m）	1 188.1
饱和蒸气压（25 ℃）/kPa	661.9
汽化热/蒸发潜能（沸点下，1atm）/（kJ/kg）	216
破坏臭氧潜能值（ODP）	0
全球变暖潜能值（GWP）/100yr	1 300
ASHRAE安全级别	A1（无毒，不可燃）
饱和液体密度（25 ℃）/（g/m）	1.207
液体比热（25 ℃）/[kJ/（kg·℃）]	1.51
溶解度（水中，25℃）/%	0.15
全球变暖系数值/GWP	0.29
临界密度/（g/cm）	0.512
沸点下蒸发潜能/（kJ/kg）	215.0

2. 制冷剂鉴别仪

制冷剂鉴别仪是用来检验制冷剂的类型、纯度、非凝性气体以及其他杂质的仪器，它可以鉴别5种成分：R134a、R12、R22、HC、空气。最终检测制冷剂纯度，以百分比显示，精度为0.1%。

制冷剂鉴别仪主要由样品软管、主机、适配接头、进空气软管等部分组成（见图3-1）。主机由滤芯、压力表、显示屏等部分组成（见图3-2）。

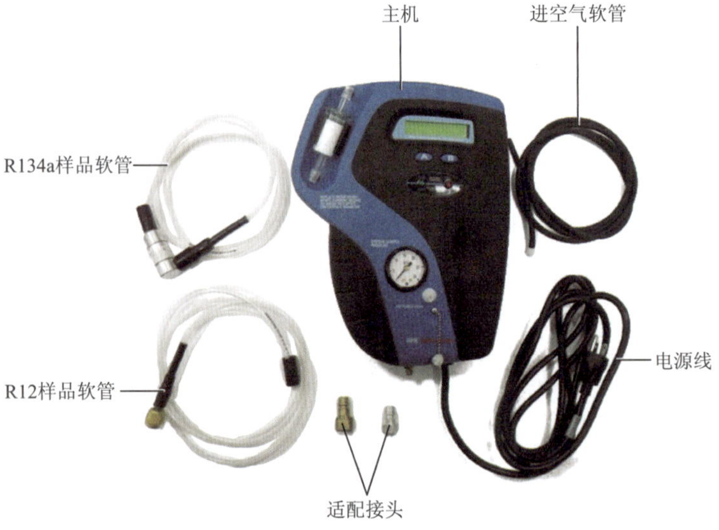

图3-1　制冷剂鉴别仪

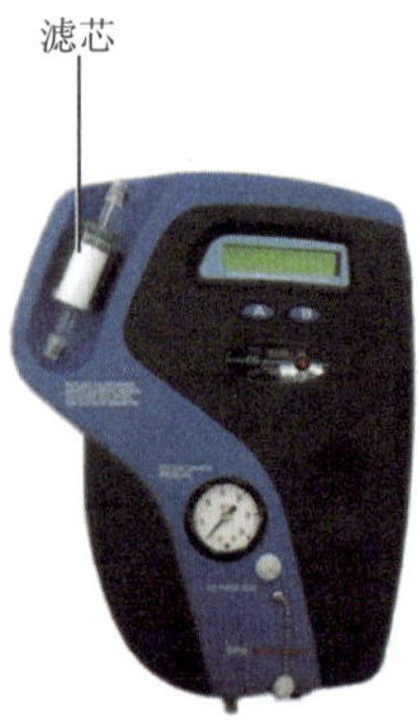

图3-2　制冷剂鉴别仪主机

三、模块实践

（一）实践方案

1. 质量要求

参照厂家的质量标准要求，根据维修手册准确、规范地进行操作。

2. 作业准备

（1）设备器材

别克威朗汽车一辆、制冷剂鉴别仪、车内外三件套各一套、常用工具、工具车、零件车、标保工具车、垃圾桶等。

（2）场地设施

理实一体化教室、废气排放装置、消防设施等。

（3）耗材

干净抹布。

（二）操作步骤

1. 检测准备工作

① 检查采样过滤器滤芯白色外径上任何地方是否有红斑或变色的迹象（见图3-3）。

图3-3　检查采样过滤器滤芯

注意事项

当红斑或变色迹象开始出现在滤芯白色外径上时，应更换采样过滤器。采样过滤器维护不当可能会导致仪器出现严重损坏。

② 根据应用状况，选择使用R12或R134a采样软管（见图3-4）。检查软管是否有磨损痕迹，如开裂、磨断或纠缠在一起，确认软管未堵塞、软管内无油液。如果软管出现磨损、堵塞或管内有油的迹象，在使用仪器前必须更换（或清洁干净）。

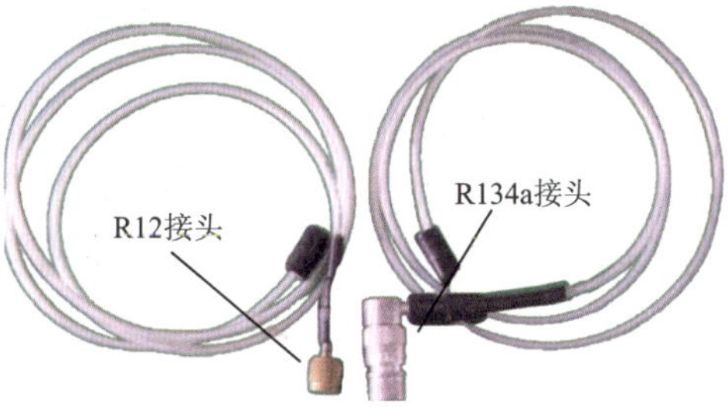

图3-4　采样软管

注意事项

净化排放口上的防护帽安装不当将导致制冷剂鉴定过程中制冷剂过度流失，有害于健康。在允许进行空气净化程序前，仪器会始终执行制冷剂鉴定。

③ 把采样软管安装到仪器的入口上。只需用手拧紧软管接头即可实现气密。

④ 检查仪器的进气口、采样排放口和箱子排放口，确保通畅，未阻塞。

⑤ 确认净化排放口的防护帽牢固安装在净化排放口上。

⑥ 检查待测制冷剂储瓶或车辆空调系统的采样口。确认采样口处于LOW SIDE（低压侧）或VAPOR（蒸气）口。

2. 制冷剂的鉴定

① 将仪器的电源线插入合适的电源插座。仪器的各项参数出现在显示屏上，并开始预热，预热约2 min。

② 显示屏显示SYSTEM WARMING-CHECK FILTER（系统预热-检查过滤器），提醒用户检查仪器的采样过滤器。

③ 在预热期间，将当地的海拔信息输入仪器内存中。仪器对500英尺（152 m，1英尺=0.304 8 m）的海拔变化较敏感。首次使用时，必须将当地海拔输入仪器内存。当地海拔输入仪器内存后，如果仪器移动到一个新的海拔，需要再次输入。将海拔输入仪器内存时，根据仪器显示屏提示的步骤进行。

a. 在预热期间，同时按住A和B按钮（见图3-5），直到显示屏显示USAGE ELEVATION, 400 FEET（使用海拔400英尺）的信息。这是出厂设置值海拔400英尺（122 m）。

b. 使用A和B按钮按以100英尺（30 m）为单位增量调整海拔（见图3-6）。按A按钮将以100英尺为单位增加海拔设定值；按B按钮将以100英尺为单位减少海拔设定值。设定值在0 ~ 9 000英尺（0 ~ 2 743 m）范围内可调，并且边调整、边显示。

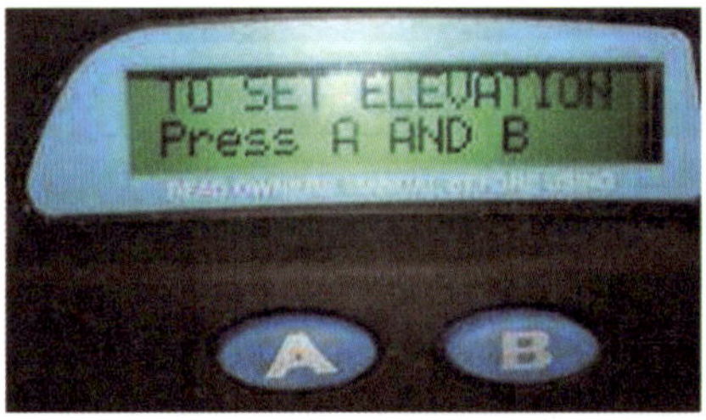

图3-5 设置海拔

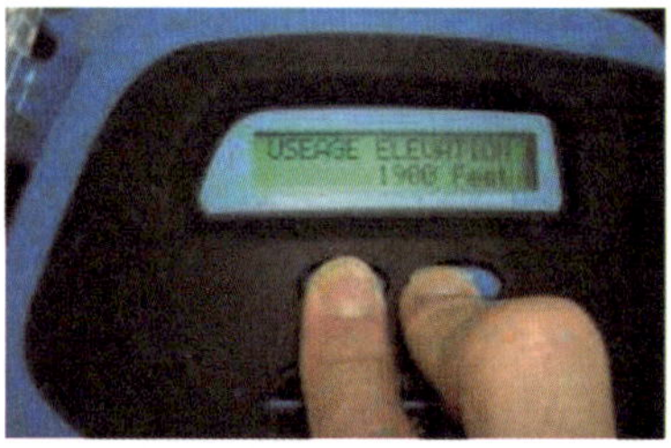

图3-6 调整海拔高度

c. 正确完成当地海拔的设定后，静置仪器20 s不要按任何按钮。仪器自动回到预热阶段，海拔的设定保存在内存中。

④ 预热过程完成后，仪器进行自校准（见图3-7）。环境空气通过进气口被吸入，然后被送到检测装置进行校准。校准时间大约为20 s。

⑤ 校准完成后，仪器显示READY：CON.HOSE, PRESS A TO START（准备就绪：连接软

管，按A按钮开始）的信息，绿色LED指示灯闪烁。将采样软管的使用端连接到待测制冷剂储存容器或车辆空调系统的低压侧或蒸气口。软管固定到位后，按仪器上的A按钮，开始进行处理。

⑥ 分析制冷剂小样（见图3-8），测定R12、R134a、R22、碳氢化合物和空气的浓度时，仪器显示SAMPLING IN PROGRESS（正在取样）信息。分析完成后，将显示R12、R134a、R22、碳氢化合物和空气的浓度百分比。可以按A按钮打印结果，按B按钮退出（没有空气）或按B按钮继续进行净化功能（有空气）。

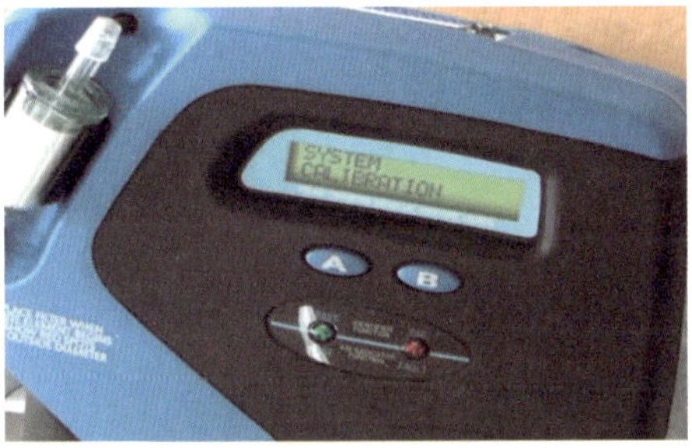

图3-7　系统校准

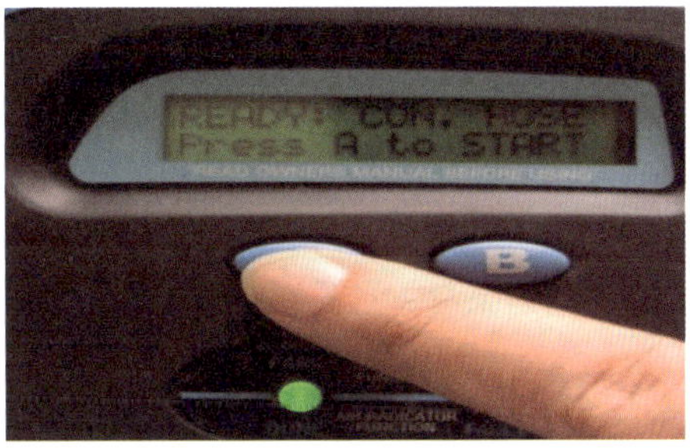

图3-8　制冷剂检验

注意事项

制冷剂鉴别完成，将采样软管从低压加注阀芯取下后，需要使用检漏仪对阀芯进行检漏。

⑦ 分析结果显示。检验完成后，自动显示结果。分析结果显示在显示屏上，直至按下A按钮（见图3-9）。

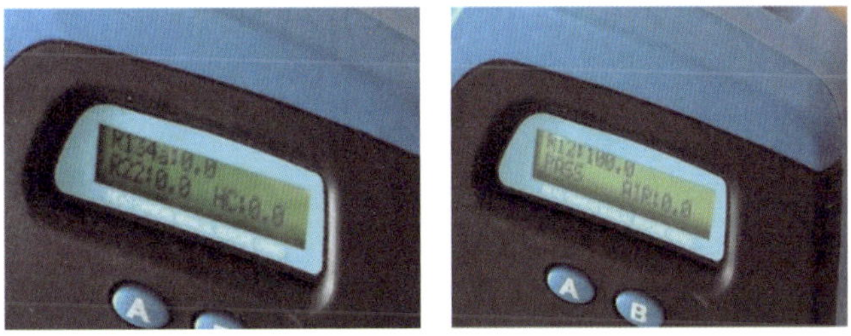

图3-9　分析结果显示

四、巩固练习

1. 判断题

（1）制冷剂又称制冷工质，是利用制冷剂的汽化吸热和液化放热来传递能量的。（　　）

（2）R134a对臭氧层不起破坏作用，具有良好的安全性能，所以是最常用的制冷剂。（　　）

（3）R134a虽然有很多优点，但是不能替代R12。（　　）

（4）制冷剂鉴别仪通常采用非分光红外（NDIR）技术来测定制冷剂R12、R134a、R22、碳氢化合物和空气的浓度。（　　）

（5）R12制冷剂的制冷效果优于R134a，因此可以使用R12代替R134a。（　　）

2. 选择题

（1）现代汽车空调系统采用的制冷剂是（　　）。

A. R12　　B. R22　　C. R134a　　D. R21

（2）汽车空调系统中的动力设备是（　　）。

A. 冷凝器　　B. 蒸发器　　C. 压缩机　　D. 节流器

（3）为了保护大气臭氧层，1987年全世界（　　）个国家签述了蒙特利尔条约。

A. 12　　B. 22　　C. 32　　D. 42

（4）自动空调的风量、出风模式和温度等一切均可实现（　　）调节。

A. 手动　　B. 自动　　C. 真空　　D. 智能

（5）制冷剂纯度检测仪可以检测出（　　）。

A. 系统含水量　　B. 系统压力

C. 系统是否存在混合冷媒　　D. 系统是否脏污

3. 简答题

（1）简述制冷剂鉴定前要做哪些准备工作?

（2）简述制冷剂的鉴定步骤。

五、学习评价

制冷剂鉴定

学生姓名：

作业时间：

序号	项目	评分项目	评价标准	分值	学生自评	学生互评	教师评价
1	连接并检查制冷剂鉴别仪	检查采样过滤器	正确检查采样过滤器，能判断过滤器是否正常	10			
		选择并安装采样管	能识别R134a和R12采样管，并正确安装	15			
		检查采样管	能检查采样管，并识别采样管是否可用	15			
		检查排放口	检查排放口是否有堵塞，排放口帽连接是否正确	5			
2	制冷剂鉴别	连接电源线，并进行仪器预热		10			
		输入海拔	能正确输入当地海拔，并能正确调整	5			
		连接采样管至车辆	自检完成后连接采样管	15			
		读取数据	能正确操作鉴别仪，并判断各制冷剂中杂质含量	15			
3	素养要求	按文明生产规则进行操作、及时清理工具和工作现场、执行6S管理		10			
项目得分				100			

模块二 系统压力检测

一、学习目标

1. 知识目标

（1）能叙述歧管压力表的作用和组成。

（2）能叙述空调系统高低压静态和动态压力。

2. 技能目标

（1）能用歧管压力表测试空调系统压力。

（2）能根据歧管压力表显示的数据判断空调系统故障。

3. 素养目标：

（1）能在进行系统压力检测前，对客户车辆做好各种防护保护措施。

（2）能根据产品使用要求安装歧管压力表，并能根据维修手册要求进行压力检查。

（3）读取压力值时，能做到认真细心、严谨细致、实事求是。

（4）能对客户认真、耐心解释数据内容和故障原因。

（5）能按文明生产规则进行空调系统维护，及时清理工作现场，进行6S管理。

二、知识准备

1. 歧管压力表的结构组成

歧管压力表又称复合压力表，是汽车空调系统维修中必不可少的设备，如图3-10所示。歧管压力表是由高压表、低压表、高压手动阀、低压手动阀及3个软管接头等组成的。歧管压力表配有不同颜色的3根连接软管，一般规定蓝色软管用于低压侧（接低压工作阀）、红色软管用于高压侧（接高压工作阀）、黄色（也有绿色）软管用于中间侧，接真空泵或制冷剂罐。

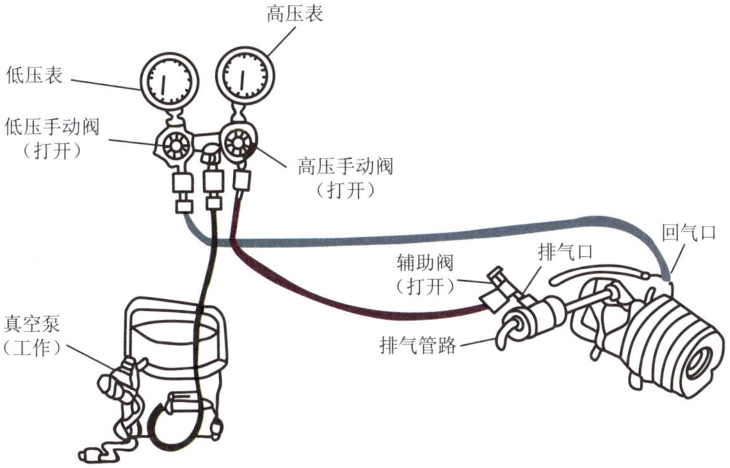

图3-10 歧管压力表的结构组成

2. 歧管压力表的使用方法

歧管压力表与制冷系统相接，可以进行制冷剂排空、抽真空、加注制冷剂、添加冷冻机油及诊断制冷系统故障等。其使用方法如下：

① 对高、低压侧压力进行检测：高压手动阀（HI）和低压手动阀（LO）同时关闭。

② 对系统进行抽真空：高压手动阀和低压手动阀同时打开，全部管道连通；中间管接上真空泵即可，如图3-11所示。

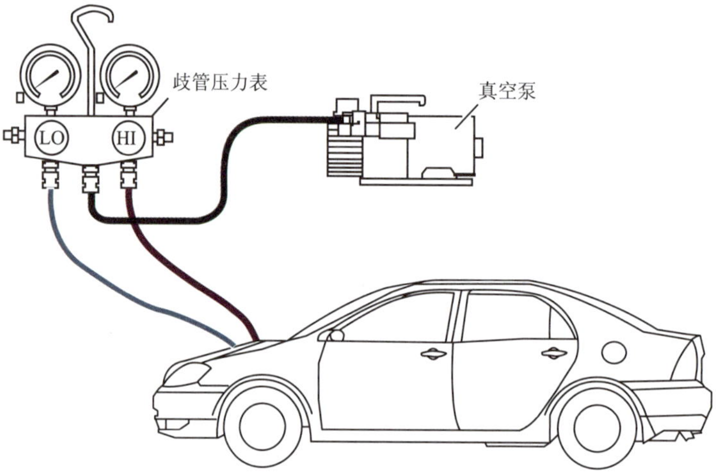

图3-11　歧管压力表中间管连接真空泵

③ 低压侧充注气态制冷剂：高压手动阀关闭，而低压手动阀打开，中间管接制冷剂钢瓶。

④ 高压侧充注液态制冷剂：高压手动阀打开，而低压手动阀关闭，中间管接制冷剂钢瓶。

⑤ 回收制冷剂：高压手动阀打开，而低压手动阀关闭，中间管接制冷剂回收机或制冷剂钢瓶。

三、模块实践

（一）实践方案

1. 质量要求

参照厂家的质量标准要求，根据维修手册准确、规范地进行操作，注意保持空调制冷系统循环管路内的清洁。

2. 作业准备

（1）设备器材

别克威朗汽车一辆、歧管压力表、车内外三件套各一套、常用工具、工具车、零件车、标保工具车、垃圾桶等。

（2）场地设施

理实一体化教室、废气排放装置、消防设施等。

（3）耗材

干净抹布。

（二）操作步骤

1. 检测前准备

通过歧管压力表组件读取空调系统高、低压侧的压力值，维修人员可以查找空调系统相关故障。检测前，做好以下准备工作：

① 将车辆所有车门打开。

② 启动发动机，打开空调开关，将发动机以1 500 r/min 的转速运转。

③ 将鼓风机调至风量最大位置。

④ 将温度设定为最低状态。

⑤ 将通风模式设定为内循环时，进气口的温度为30 ~ 35 ℃。

注意事项

车内温度高于35 ℃时，如果出风口温度较低，则观察孔中有气泡可视为正常。

2. 压力检测

（1）压力表读数正常范围

如果制冷系统工作正常，仪表的读数见表3-2。

表3-2　制冷系统工作正常时仪表的读数

压力侧	仪表的读数
低	0.15 ~ 0.25 MPa（1.5 ~ 2.5 kgf/cm²，21.3 ~ 35.5 psi）
高	1.37 ~ 1.57 MPa（14 ~ 16 kgf/cm²，199.1 ~ 227.5 psi）

（2）低压表读数处于真空

如果在空调运行期间，低压侧的压力在正常和真空之间切换，则制冷系统中可能出现了湿气，系统会间断性工作，最终导致系统不制冷。仪表读数如图3-12所示。

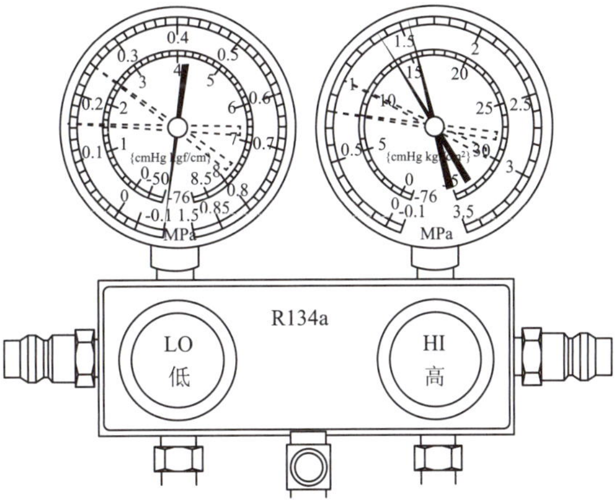

图3-12　仪表读数

对检测结果的分析见表3-3。

表3-3　检测结果的分析

症状	可能原因	诊断	纠正措施
操作期间，低压侧的压力在正常和真空之间切换	（1）空调系统中的湿气在膨胀阀节流孔处冻结，导致制冷剂循环暂时停止。 （2）系统停止后重新暖机，冰融化且暂时恢复正常操作	（1）冷却器干燥器（集成在冷凝器内）处于过饱和状态。 （2）制冷系统内的湿气会在膨胀阀节流孔处冻结，阻碍制冷剂的循环	（1）更换冷却器干燥器。 （2）通过反复抽出空气，除去系统中的湿气。 （3）加注适量的新制冷剂

（3）低压侧和高压侧的压力均低

① 如果在空调运行期间，低压侧和高压侧的压力均低于正常范围，通过观察孔可以不断看到气泡，并且系统不能有效制冷，则说明系统制冷剂不足或有泄漏。仪表读数如图3-13所示。

对检测结果的分析见表3-4。

表3-4　检测结果的分析

症状	可能原因	诊断	纠正措施
（1）低压侧和高压侧的压力均低。 （2）通过观察孔可不断地看到气泡。 （3）制冷性能不佳	制冷系统漏气	（1）制冷剂不足。 （2）制冷剂泄漏	（1）检查有无漏气，必要时进行维修。 （2）加注适量的新制冷剂。 （3）如果仪表指示压力接近0，则有必要在修复泄漏后抽空系统

② 如果在空调运行期间，低压侧和高压侧的压力均低于正常范围，并且冷凝器至制冷装置的管道结霜，则说明制冷剂循环不良导致系统不能有效制冷。仪表读数如图3-14所示。

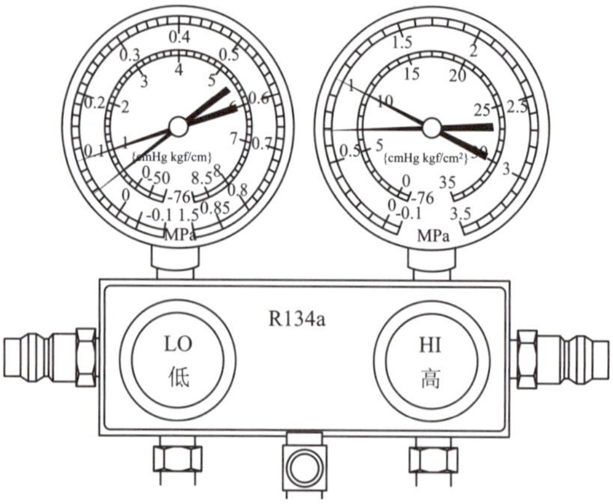

图3-13　仪表读数

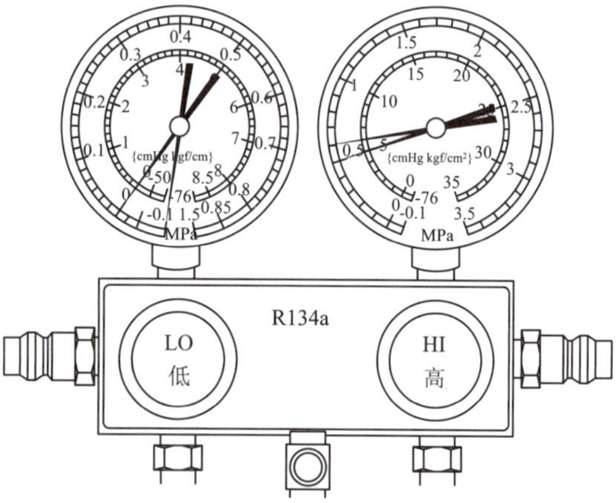

图3-14　仪表读数

对检测结果的分析见表3-5。

表3-5 检测结果的分析

症状	可能原因	诊断	纠正措施
（1）低压侧和高压侧的压力均低。 （2）冷凝器至制冷装置的管道结霜	制冷剂液流被冷凝器芯管路内的灰尘堵塞	储液器堵塞	更换冷凝器

（4）低压侧显示真空，高压侧显示压力非常低

如果在空调运行期间，低压侧显示真空，高压侧显示压力非常低，并且在储液器/干燥器或膨胀阀的两侧管路上均能看到结霜或冷凝现象，则说明制冷剂不循环导致制冷系统不工作或偶尔工作。仪表读数如图3-15所示。

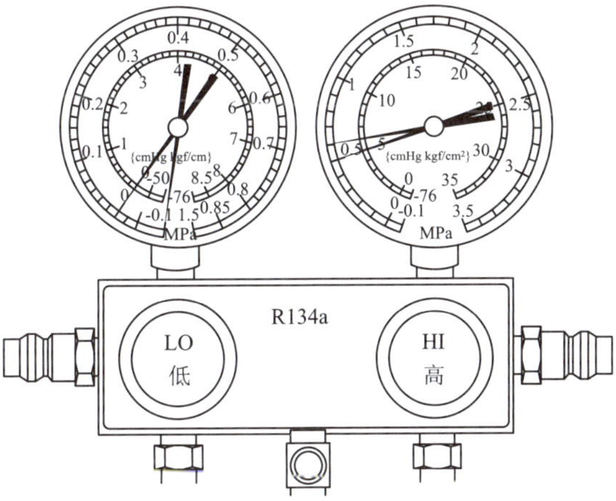

图3-15 仪表读数

对检测结果的分析见表3-6。

表3-6 检测结果的分析

症状	可能原因	诊断	纠正措施
（1）低压侧显示真空，高压侧显示压力非常低。 （2）在储液器/干燥器或膨胀阀的两侧管路上均能看到结霜或冷凝现象	（1）制冷剂的流动被制冷系统中的湿气或灰尘堵塞。 （2）膨胀阀内部漏气，造成制冷剂流中断	制冷剂不循环	（1）检查膨胀阀。 （2）更换膨胀阀。 （3）更换冷凝器。 （4）排空气体并加注适量的新制冷剂。 （5）膨胀阀内部漏气时，更换膨胀阀

（5）低压侧和高压侧的压力均过高

① 如果在空调运行期间，低压侧和高压侧的压力均过高，并且即使发动机转速下降，通过观察孔也看不到气泡，则说明制冷剂加注过量或冷凝器的冷却效果不良导致制冷系统不工作。仪表读数如图3-16所示。

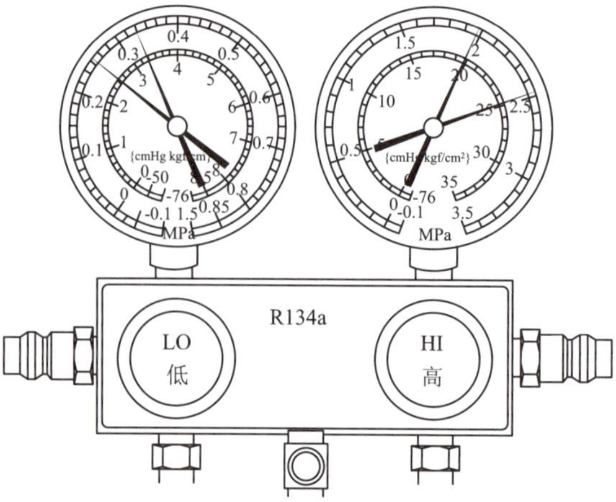

图3-16　仪表读数

对检测结果的分析见表3-7。

表3-7　检测结果的分析

症状	可能原因	诊断	纠正措施
（1）低压侧和高压侧的压力均过高。 （2）即使发动机转速下降，通过观察孔也看不到气泡	（1）过度使用制冷系统导致性能不能充分发挥。 （2）冷凝器的冷却效果不良	（1）重新加注时添加了过量的制冷剂。 （2）冷却风扇的冷凝器散热片堵塞	（1）清洁冷凝器。 （2）检查冷凝器冷却风扇工作情况。 （3）如果1和2状态正常，则检查制冷剂量并加注适量的制冷剂

② 如果在空调运行期间，低压侧和高压侧的压力均过高，并且低压管路过热，不能触摸，同时通过观察孔能看到气泡，则说明制冷系统中有空气导致制冷系统不工作。仪表读数如图3-17所示。

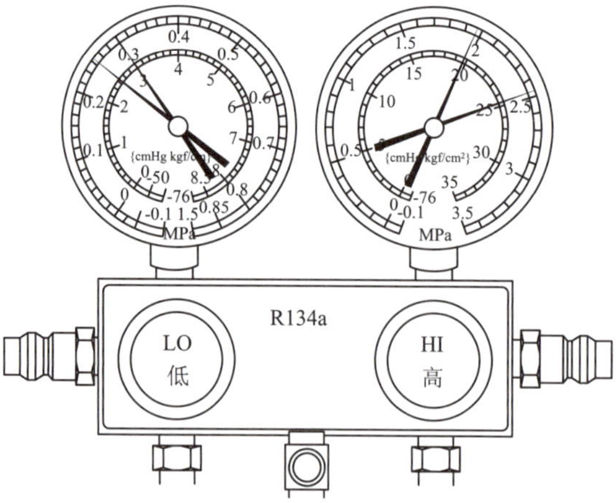

图3-17　仪表读数

对检测结果的分析见表3-8。

表3-8　检测结果的分析

症状	可能原因	诊断	纠正措施
（1）低压侧和高压侧的压力均过高。 （2）低压管路过热，不能触摸。 （3）通过观察孔能看到气泡	系统中有空气	（1）制冷系统中存在空气。 （2）真空净化不良	（1）检查压缩机机油是否脏污或不足。 （2）排空系统并重新加注新的或净化过的制冷剂

③ 如果在空调运行期间，低压侧和高压侧的压力均过高，并且低压侧管路有霜或大量冷凝，则说明膨胀阀故障导致制冷系统制冷不足。仪表读数如图3-18所示。

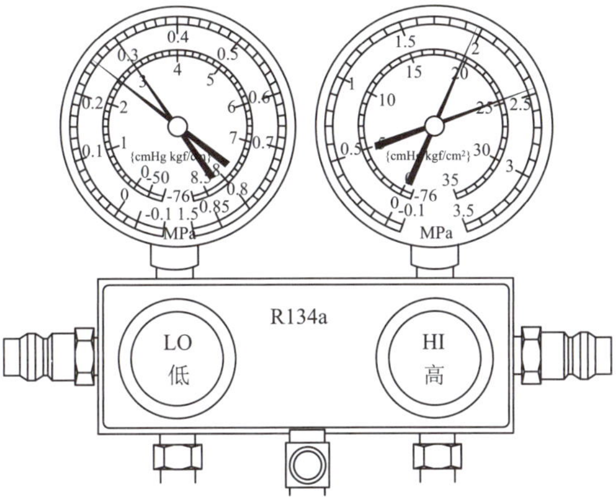

图3-18　仪表读数

对检测结果的分析见表3-9。

表3-9　检测结果的分析

症状	可能原因	诊断	纠正措施
（1）低压侧和高压侧的压力均过高。 （2）低压侧管路有霜或大量冷凝	膨胀阀可能卡住	（1）在低压管路内存在过量制冷剂。 （2）膨胀阀开度过大	检查膨胀阀

（6）低压侧的压力过高而高压侧的压力过低

如果在空调运行期间，低压侧的压力过高而高压侧的压力过低，则说明压缩机压缩量不足导致制冷系统制冷不足，仪表读数如图3-19所示。

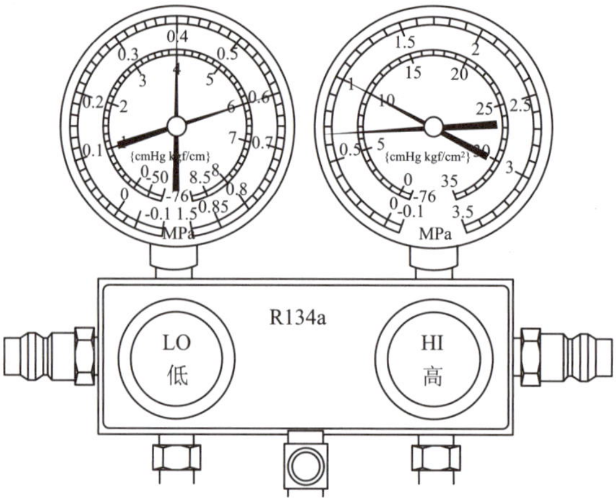

图3-19　仪表读数

对检测结果的分析见表3-10。

表3-10　检测结果的分析

症状	可能原因	诊断	纠正措施
（1）低压侧的压力过高。 （2）高压侧的压力过低	压缩机内部泄漏	（1）压缩能力过低。 （2）阀门损坏引起泄漏，或零件可能断裂	更换压缩机

四、巩固练习

1. 判断题

（1）电子式卤素检漏仪与其他检漏设备相比的优点是使用方便、不产生有毒物质、预热时间短、灵敏度高、质量轻，不可以探测到微量泄漏。（　　）

（2）汽车空调制冷系统都是采用R134a为制冷剂的蒸气压缩式循环系统。（　　）

（3）制冷剂接触到身体时，要立刻用冷水进行彻底冲洗，至少10 min。（　　）

（4）制冷剂可排放到周围环境中。（　　）

（5）制冷装置中的压力应低于80 kPa，如超过该压力，应重新进行回收操作，直到压力达到要求。（　　）

2. 选择题

（1）用压力表检测系统压力时，发现低压表指示接近零或负值，高压表指示正常或高一些，且吹出气不冷，可能的故障原因是（　　）。

A. 制冷剂过多　　B. 系统内有水分，膨胀阀发生冰塞

C. 制冷剂过少　　D. 高压管路堵塞

（2）某空调工作时，出风口温度不够低，关闭压缩机后出风口有热气。甲说：“可能是发动机过热或制冷剂加入过量引起”；乙说：“可能是暖水阀关闭不严引起”，则（　　）。

A. 甲正确　　B. 乙正确　　C. 两人均正确　　D. 两人均不正确

（3）关闭空调开关后，如视液镜出现气泡，则制冷剂量是（　　）。

A. 过多的　　B. 过少的　　C. 合适的　　D. 以上都不对

（4）在把软管接在压力表上时，下列说法正确的是（　　）。

A. 红、蓝、黄管分别接在低压、高压和中间接头上

B. 红、蓝、黄管分别接在中间、高压和低压接头上

C. 红、蓝、黄管分别接在高压、低压和中间接头上

D. 红、蓝、黄管分别接在低压、中间和高压接头上

（5）制冷系统如出现“冰堵”现象，用压力表观察系统压力则：（　　）

A. 高压侧压力偏高、低压侧压力偏低

B. 高压侧、低压侧压力都偏低

C. 高压侧压力偏高、低压侧压力为真空值

D. 高压侧、低压侧压力都偏高

3. 简答题

（1）简述系统压力检测前准备工作有哪些？

（2）简述空调制冷系统压力检测的步骤。

五、学习评价

系统压力检测

学生姓名：

作业时间：

序号	项目	评分项目	评价标准	分值	学生自评	学生互评	教师评价
1	系统静态压力检测	检查高压表、低压表是否有破损	能正确检查高低压表	7			
		关闭高压、低压阀口	旋转方向无错误	7			
		与车辆连接高、低压管	安装前检查阀门是否调至关闭状态	7			
		读取系统静态压力	能读取系统高、低压侧压力，并判断系统压力是否正确	7			
2	系统动态压力检测	启动发动机，按下A/C开关，内循环	必须启动空调制冷系统	5			
		发动机转速保持1 500 r/min		5			
		鼓风机调至最大，温度调至最冷		5			
		打开车门并降下车窗		5			
		检查高压表、低压表是否有破损	能正确检查高、低压表	6			
		关闭高压、低压阀口	旋转方向无错误	7			

续表

序号	项目	评分项目	评价标准	分值	学生自评	学生互评	教师评价
2	系统动态压力检测	与车辆连接高、低压管	安装前检查阀门是否调至关闭状态	7			
		读取高压侧压力	能读取系统高压侧压力，并判断系统高压侧压力是否正确	8			
		读取低压侧压力	能读取系统低压侧压力，并判断系统低压侧压力是否正确	8			
		故障检测	能根据读取的数据初步判断故障原因	5			
3	素养要求	按文明生产规则进行操作、及时清理工具和工作现场、执行6S管理		10			
项目得分				100			

模块三 制冷剂加注

一、学习目标

1. 知识目标

（1）能阐述制冷剂回收和加注流程。

（2）能阐述AC350的作用和功能。

2. 技能目标

（1）能用AC350进行制冷剂回收。

（2）能用AC350进行制冷剂加注。

3. 素养目标

（1）能在进行制冷剂回收或加注前，对客户车辆做好各种防护保护措施。

（2）能根据产品使用要求安装AC350。

（3）能按照国规标准进行制冷剂回收和加注，做到操作规范、数据精准。

（4）能按文明生产规则进行空调系统维护，及时清理工作现场，进行6S管理。

二、知识准备

1. 制冷剂的回收

（1）制冷剂的回收条件

满足下列条件之一时，应对废旧制冷剂进行回收。

① 制冷装置制冷剂不足，需要补充制冷剂时。

② 制冷装置存在泄漏，需要通过气密性试验查找漏点时（装置中有部分制冷剂）。

③ 视镜有气泡、泡沫、润滑油条纹、污浊迹象，吸、排气压力不正常时。

④ 制冷装置发生故障，需要通过拆换零部件或拆卸零部件进行维修时。

⑤ 在汽车维修过程中，需拆卸制冷装置时（制冷装置指制冷剂循环时所流经的零部件，如压缩机、高低压管道、阀件、冷凝器、蒸发器、过滤器、储液器等）。

（2）制冷剂回收前的准备工作

① 启动发动机。

② 打开空调开关。

③ 以大约1 000 r/min的发动机转速运行冷却器压缩机5 ~ 6 min，使制冷剂循环。这使得空调系统不同部件中的压缩机机油大部分都被收集到空调压缩机中。

④ 关闭发动机。

⑤ 使用制冷剂回收装置从空调系统中回收制冷剂（回收前应明确空调管路中的制冷剂成分是否与加注机储液罐中制冷剂成分一致，另外要保证制冷剂的纯度达到96%以上）。

2. 制冷剂的加注

汽车空调系统加注制冷剂最重要的一步是抽真空。抽真空的工作质量好坏直接关系到空调的使用寿命。

抽真空前，检查压力表示值。制冷装置中的压力应低于70 kPa，如超过该压力，应重新进行回收操作，直到压力达到要求。抽真空时，如果在高压加注口附近有很多冷冻机油，应先缓慢地打开低压阀，防止开启速度过快，造成制冷系统中的冷冻机油被抽出；抽了几分钟后，再缓慢打开高压阀；在抽真空至系统真空度低于-90 kPa时（如果真空度达不到规定值，可能是系统泄漏或者是设备真空泵损坏），继续进行抽真空操作，持续时间应不少于15 min，以充分排除制冷装置中的水分。因为水分会吸附在冷冻机油及干燥剂中，在长时间的负压下，水分才能被蒸发出来。如果在潮湿的气候条件下，应适当延长抽真空的时间。抽的时间越长，抽的越彻底。抽完真空时，将设备上的高低压阀完全关闭后，才能关闭真空泵。否则，有可能真空泵单向阀关闭不严，导致空气重新进入制冷系统。

抽真空完成后，可以进行制冷剂的加注。加注时，发动机不能启动，并关闭空调。如果启动发动机，开了空调，压缩机运行后，制冷系统压力就会大于储液罐内的压力，导致无法继续进行加注。如过高的压力进入仪器低压表或倒流进入储液罐，将造成严重的安全事故。

三、模块实践

（一）实践方案

1. 质量要求

参照厂家的质量标准要求，根据维修手册准确、规范地进行操作。注意保持空调制冷系统循环管路内的清洁。

2. 作业准备

（1）设备器材

别克威朗汽车一辆、制冷剂回收机、车内外三件套各一套、常用工具、工具车、零件车、标保工具车、垃圾桶等。

（2）场地设施

理实一体化教室、废气排放装置、消防设施等。

（3）耗材

干净抹布。

（二）操作步骤

1. 制冷剂回收

（1）连接制冷剂加注机

① AC350的面板检查（见图3-20）：

a. 检查仪器面板上仪表、显示屏、按键是否正常，有无破损。

b. 检查仪器面板上高低压阀门是否处于关闭位置。

c. 检查罐内制冷剂压力是否在7 bar（1 bar=10^5 Pa）以上（见图3-21）。

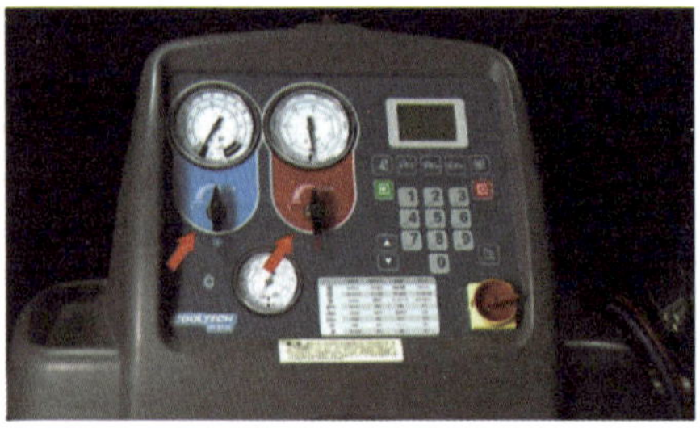

图3-20 检查仪器面板

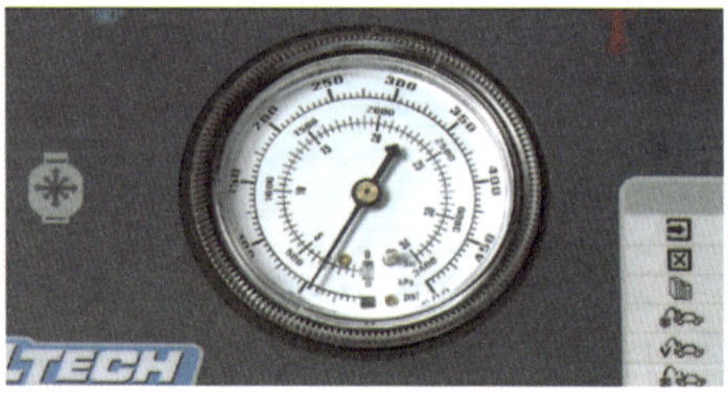

图3-21 检查制冷剂压力

d. 检查高低压软管接头处是否连接正常，快速接头是否处于关闭位置（见图3-22）。

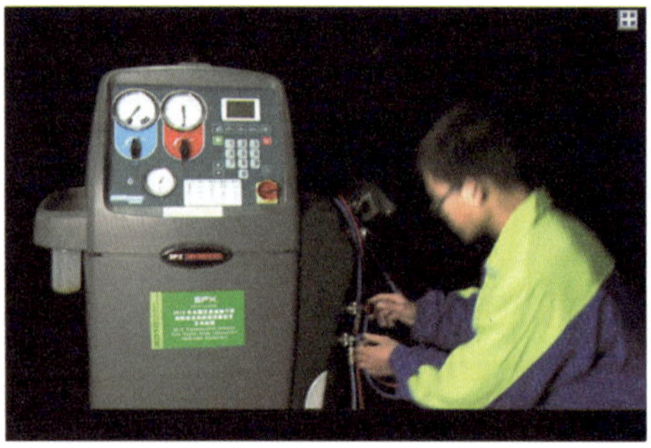

图3-22 检查高低压软管接头

e. 检查注油瓶内的冷冻机油是否清洁、充足，是否过满（见图3-23）。

图3-23 检查冷冻机油

注意事项

要保证注油瓶内的油量充足，在接下来补充冷冻机油环节就不会把空气带入制冷管路。

检查排油瓶油量过满时，要进行排油处理。

② 打开AC350。

③ AC350管路排气：

a. 按下操作面板中的排气键，排除管路内气体（见图3-24）。

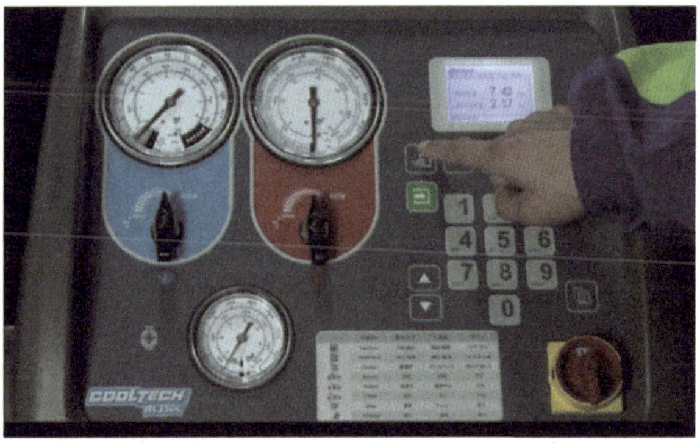

图3-24 按下排气按键

注意事项

排气键是手动压力过载保护装置，不能一直按着排气键不放，否则会把罐内的制冷剂排出过量，造成环境污染。

b. 听到工作罐有排气的声音，说明排气成功。

④ 连接仪器与空调制冷的管路

a. 佩戴护目镜和专用手套。

b. 分别用手逆时针拧下高低压阀盖，将高低压阀盖放在工具车上。

c. 用压缩气体清洁高低压阀口（见图3-25）。

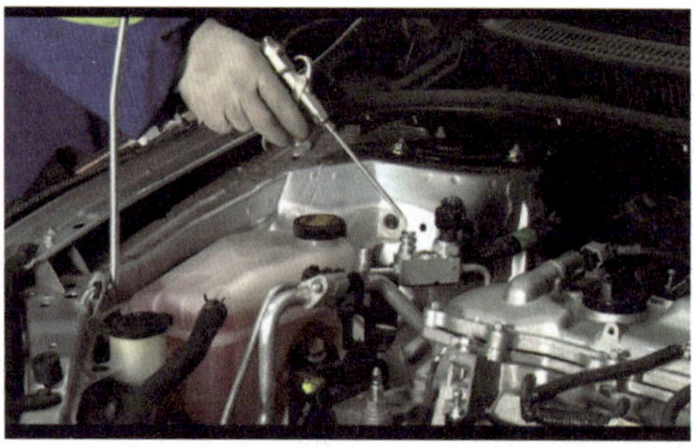

图3-25　清洁高低压阀口

d. 从回收加注机侧面取下低压快速接头并安装在空调制冷管路的低压阀口上，确认安装可靠。

e. 时针慢慢拧开低压快速接头阀门（见图3-26），观察到低压表有压力指示时，继续拧阀门直到完全打开为止。

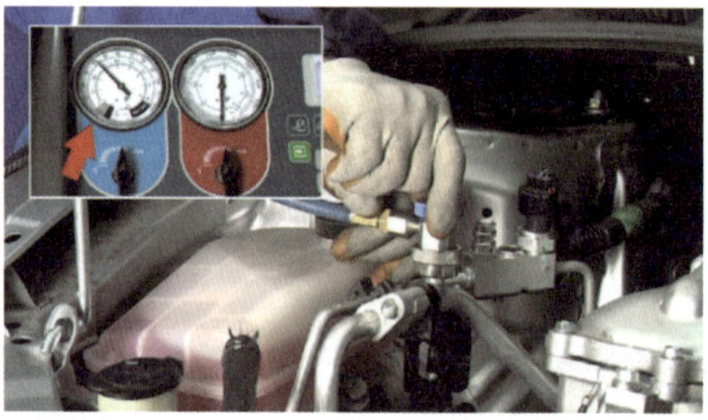

图3-26　拧开低压快速接头阀门

f. 从回收加注机侧面取下高压快速接头并安装在空调制冷管路的高压阀口上（见图3-27），确认安装可靠。

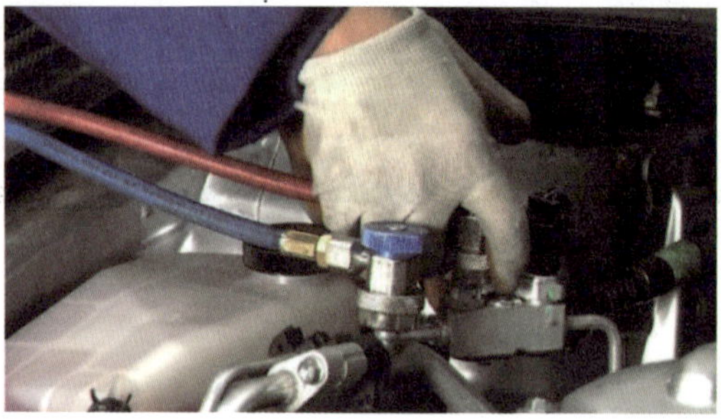

图3-27　安装高压快速接头

g. 顺时针慢慢拧开高压快速接头阀门，观察到高压表有压力指示时，继续拧阀门直到完全打开为止。

⑤ 记录罐内制冷剂量。

（2）回收制冷剂

① 按下操作面板上的回收按钮。

② 打开面板上的低压阀和高压阀。

③ 按下“开始/确认”键开始回收。

④ 管路自清理自动进行1 min。

⑤ 管路清理完成后，自动开始回收制冷剂。

⑥ 回收的标准是低压表指针降到-10 psi（1 psi=6.895 kPa）后等待5 ~ 10 s，按下“停止/取消”键停止回收（见图3-28）。

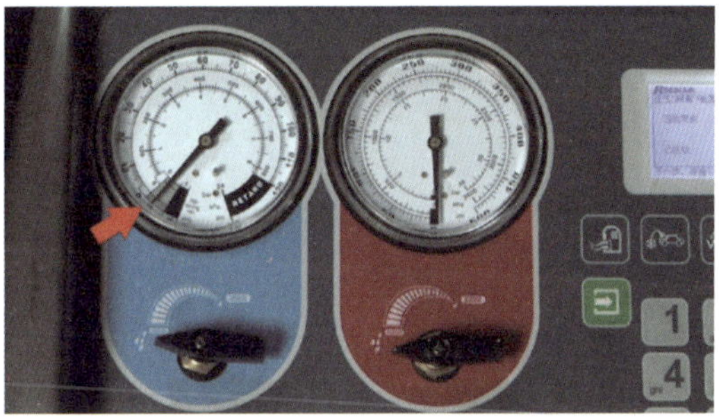

图3-28　停止回收

⑦ 关闭面板上的高低压阀开关。

（3）系统抽真空

① 排油。排油量=排油后的瓶内油量-排油前的瓶内油量。

② 第一次抽真空。第一次抽真空时需要打开面板上的高低压面板阀（见图3-29）。抽真空时间为3 min，完成后压力应显示为-90 kPa。

图3-29　第一次抽真空

③ 加注冷冻机油：

a. 打开高压阀，关闭低压阀。

b. 当操作界面出现“下一步，注油”，按下绿色“开始/确认”键，开始注油（见图3-30）。

c. 垂直观察冷冻机油的下降量。

d. 根据经验，设定注油量为排出量加20 mL，按下绿色“开始/确认”键，进行注油。

e. 当注油瓶内的液位接近设定的注油量时，按下绿色“开始/确认”键，停止注油。按下红色“取消”键，返回原始界面。

f. 关闭仪器面板上的高低压阀。

图3-30 加注冷冻机油

④ 第二次抽真空。第一次抽真空时需要关闭面板上的高压阀，打开低压阀。抽真空时间为5 min，完成后压力应显示为-90 kPa。

⑤ 保压。保压时间为1 min，同时观察高低压表，指针应无回升，表示系统无泄漏。

2. 制冷剂加注

（1）空调系统充注制冷剂

① 查看维修手册，查阅制冷剂的型号和充注量。

② 按下“充注”键，用数字键设定充注量 。

③ 打开高压阀，关闭低压阀（见图3-31）。

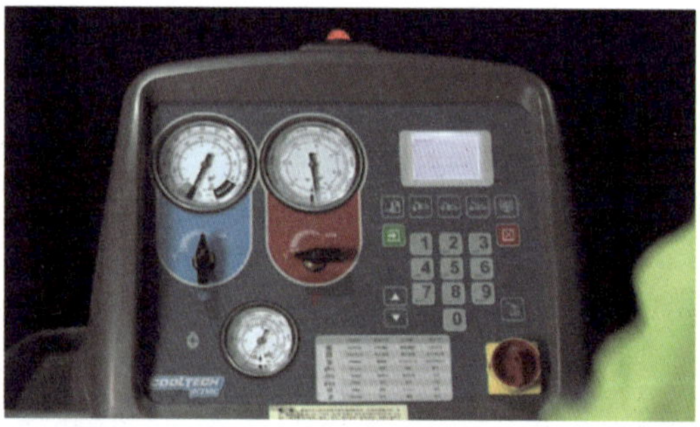

图3-31 打开高压阀，关闭低压阀

④ 关闭管路上的低压快速连接阀门（见图3-32），确认高压管上快速阀门处于打开位置。

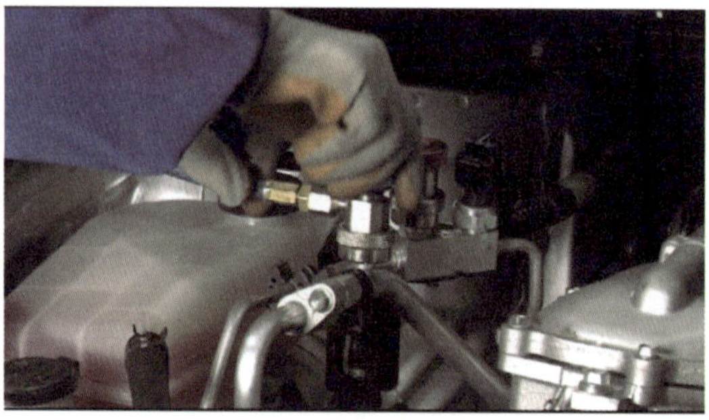

图3-32 关闭低压快速连接阀门

⑤ 按下绿色“开始/确认”键，自动开始按量充注。

⑥ 充注完成后，关闭面板上的高低压阀（见图3-33）。

图3-33　关闭高低压阀

（2）管路清理

充注完成后，关闭管路上的高压手动阀。从管路上取下高低压手动阀，打开面板上的高低压阀，开始管路清理。

2 min后，管路清理完成，关闭面板上的高低压阀。此时，确认管路清理结束，高低压表压力应显示为负压。

（3）对高低压维修阀口进行检漏作业

选用电子检漏仪依次对高低压维修阀口进行检漏作业。

四、巩固练习

1. 判断题

（1）当系统中视镜有气泡、泡沫、污浊迹象等情况时需要对制冷剂进行回收　（　　）

（2）当制冷装置中制冷剂不足时，不需要对制冷剂进行回收，直接加注即可。　（　　）

（3）用制冷剂回收装置从系统中回收制冷剂，要保证制冷剂的纯度达到80%以上。　（　　）

（4）制冷剂添加装置和容器内可能存在空气。装置和容器在充入制冷剂前要抽真空。　（　　）

（5）不同的制冷剂不允许相互混合在一起。　（　　）

2. 选择题

（1）制冷剂回收加注机操作步骤（以ROBINAIR AC350C为例）操作的正确顺序是（　　）。

①排气；②空调系统抽真空；③回收制冷剂；④充注空调系统制冷剂

A. ①③②④　　B. ①②③④　　C. ③②①④　　D. ③①②④

（2）对制冷系统抽真空时，压力表的高压手动阀和低压手动阀的状态是（　　）。

A. 都打开　　B. 都关闭

C. 高压手动阀打开、低压手动阀关闭　　D. 高压手动阀关闭、低压手动阀打开

（3）下列不属于制冷剂回收加注机的作用是（　　）。

A. 制冷剂再生　　B. 制冷剂加注　　C. 空调检漏　　D. 空调清洁

（4）甲说："检查制冷剂的充加数量的方法是利用观察孔检查"。乙说："检查制冷剂的充加数量的方法是利用歧管压力表检查"则（　　）。

A. 甲对　　B. 乙对　　C. 甲乙都不对　　D. 甲乙都对

3. 简答题

（1）简述制冷剂回收的步骤。

（2）简述系统抽真空的方法。

（3）简述制冷剂加注的步骤。

五、学习评价

制冷剂加注

学生姓名：

作业时间：

序号	项目	评分项目	评价标准	分值	学生自评	学生互评	教师评价
1	系统检查	启动发动机，按下A/C开关，并运行5～6 min		2			
		对制冷剂进行鉴别，纯度是否低于96%	能对制冷剂进行纯度鉴别	5			
		检查AC350面板有无破损		3			
		观察回收装置压力是否低于70 kPa	能观察压力表	2			
		检查冷冻油是否符合标准	能判断冷冻油液位是否正常	3			
		检查高、低压管阀门是否在关闭位置	判断阀门位置	5			
2	制冷剂回收	打开AC350电源，进行管路排气		5			
		与车辆连接高、低压管	连接时必须戴护目镜、橡胶手套；清洁车辆高低压阀口	5			
		打开高、低压阀口	慢慢打开阀口，防止针阀冲击	5			
		记录回收罐制冷剂量	正确记录	5			
		按程序回收制冷剂	低压表指针降到-10 psi后等待5～10 s真空度无变化	5			
		关闭面板上的高低压阀口		5			
		排除冷冻油	能计算实际排油量	5			
		加注冷冻油	从高压口加注，能计算实际加注量，关闭高压阀	5			
		第二次抽真空	仪表显示-90 kPa，并保压1 min，真空度无变化	5			

续表

序号	项目	评分项目	评价标准	分值	学生自评	学生互评	教师评价
3	加注制冷剂	查阅制冷剂型号和充注量	能正确查阅的制冷剂型号和充注量	5			
		设定充注量	能正确设置充注量	5			
		打开高压阀，关闭低压阀	阀口关闭不得错误	5			
		按流程进行充注	充注完成后关闭高、低压阀口	5			
		清理管路	清理管路前关闭车辆高、低压阀口	5			
4	素养要求	按文明生产规则进行操作、及时清理工具和工作现场、执行6S管理		10			
项目得分				100			

知识迁移与拓展

1. 制冷剂鉴定结果分析

使用制冷剂检测仪进行制冷剂纯度鉴定时，操作完毕后显示屏上会出现检测结果，各种显示结果说明的问题见表3-11。

表3-11 各种显示结果说明的问题

序号	显示结果	分析
1	PASS	制冷剂纯度达到98%或更高。通过检验，可以回收
2	FAIL	R12或R134a的混合物，任一种纯度达不到98%，混合物太多
3	FAIL CONTAMINATED	未知制冷剂，如R22或HC含量为4%或更多。不能显示含量
4	NO REFRIGERANT-CHK. HOSE CONN.	适量或过量空气，含量达到90%或更高，没有制冷剂

2. 现象及可能原因

有的车型在空调管路上安装有制冷剂观测孔，通过制冷剂观测孔中制冷剂的流动情况也可判断制冷剂的情况，见表3-12。

表3-12 制冷剂情况

序 号	症 状	制冷剂量
1	有气泡	不足
2	不存在气泡	空、不足或过量
3	压缩机的进气口和出气口没有温差	空或很少
4	压缩机的进气口和出气口有明显温差	适量或过量
5	空调关闭后，制冷剂立即变清澈	过量
6	空调关闭后，制冷剂立即起泡，然后变清澈	适量

项目四

冷凝器风扇不工作故障检修

项目描述

- 冷凝器风扇不工作故障检修
  - 故障描述
  - 故障分析
  - 项目模块
    - 模块一 冷凝器风扇检查
      - 冷凝器风扇作用
      - 冷凝器风扇工作原理与组成
      - 冷凝器风扇检查
    - 模块二 冷凝器风扇控制电路检测
      - 制冷器风扇控制原理
      - 制冷器风扇控制电路检测

故障描述

某天，一辆2016年威朗1.6L排量轿车来店维修。车主反映空调不制冷，经检查，发现冷车时按下A/C开关，压缩机正常吸合，车辆空调制冷效果较差，鼓风机工作正常，出风口风量正常；热车时按下A/C开关，压缩机不吸合，空调不制冷，仪表中水温警报灯点亮。

故障分析

经检查，确认在冷车时按下A/C开关，鼓风机工作正常，压缩机电磁离合器吸合正常，冷凝器风扇工作正常，制冷效果较差；但热车时按下A/C开关，压缩机电磁离合器不吸合，且伴随发动机水温警报灯点亮，可以确认故障现象为空调不制冷故障。由于压缩机电磁离合器不能正常吸合，伴随水温警报灯点亮，可初步判断冷凝器风扇出现问题。需要进一步排查冷凝器风扇及其控制系统，以确认故障点。本项目围绕冷凝器风扇不工作故障检修进行了两个模块的讲授，即冷凝器风扇检查、冷凝器风扇控制电路检测。

项目模块

模块一　冷凝器风扇检查

一、学习目标

1. 知识目标

（1）能阐述冷凝器风扇的作用。

（2）能阐述冷凝器风扇的组成与工作原理。

2. 技能目标

（1）能对冷凝器风扇进行机械检查。

（2）能用诊断仪对冷凝器风扇进行电气检测。

3. 素养目标

（1）能在进行冷凝器风扇检测前，对客户车辆做好各种防护保护措施。

（2）能与团队成员友善并有效沟通，认真分析问题，提出合理的故障维修方案。

（3）读取数据值时，能做到认真细心、严谨细致、实事求是。

（4）能对客户认真、耐心解释数据内容和故障原因。

（5）能按文明生产规则进行空调系统维护，及时清理工作现场，进行6S管理。

二、知识准备

1. 冷凝器风扇的功用

在轿车上，冷凝器风扇与发动机冷却风扇是同一个部件，如图4-1所示，但却起到了辅助发动机冷却系统散热和辅助冷凝器散热两个不同的功用。

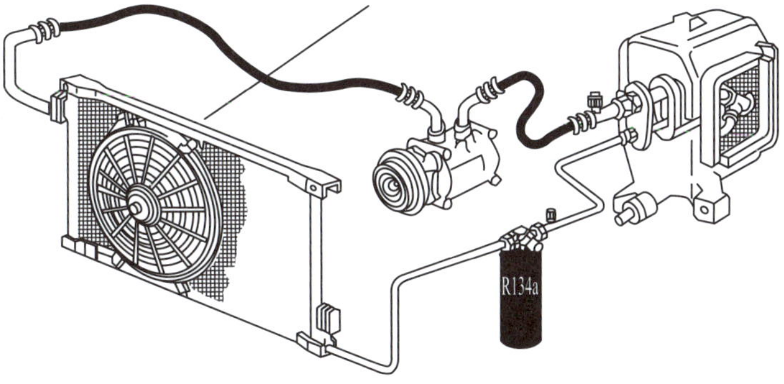

图4-1　冷凝器风扇

（1）辅助发动机冷却系统散热

当发动机冷却系统温度提升至大循环开启时，冷凝器风扇开始运转，为冷却系统散热器提供强制送风，辅助散热器进行散热冷却；保证了发动机能工作在正常温度下，不会产生冷却液温度过高，甚至是开锅现象。而空调制冷系统中会使用冷却液温度传感器检测发动机冷却液温度，若冷却液温度过高，则会停止制冷系统工作、压缩机不再占用发动机动力以降低发动机负荷，保护发动机，降低冷却液温度。

（2）辅助冷凝器散热

在汽车空调制冷系统开启时，冷凝器风扇也会随之开始运转，为冷凝器强制送风，帮助其散热。在空调制冷系统工作时，空调压缩机会将气态制冷剂加压，形成高温高压气态制冷剂。制冷剂需要在冷凝器中散热，凝结成液态制冷剂，但若冷凝器温度过高，气态制冷剂将无法凝结成液态制冷剂，那么膨胀阀就失去了它的节流膨胀作用，空调制冷效果将大打折扣。

因此，冷凝器风扇在空调制冷系统中起到了重要作用。若冷凝器风扇无法正常工作，那么空调制冷系统的制冷效率会降低，长时间运转将无法制冷。

2. 冷凝器风扇的结构

（1）冷凝器风扇

现代汽车已广泛使用冷凝器风扇。冷凝器风扇通常安装在散热器后方，它由电动机、风扇叶片、导风罩等组成。风扇的扇风量主要与风扇直径、转速、叶片形状、叶片安装角度及叶片数有关，如图4-2所示。

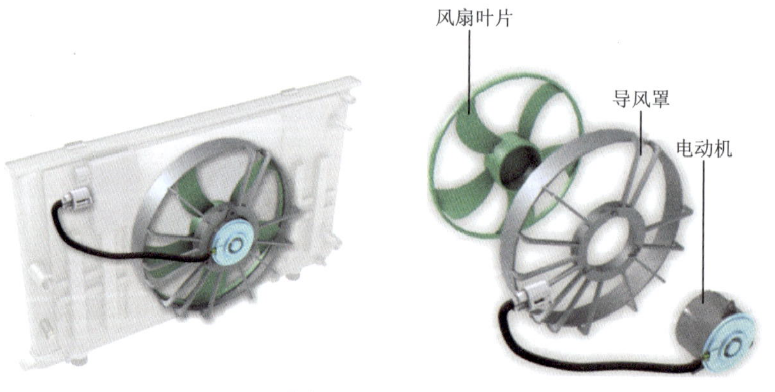

图4-2　冷凝器风扇安装位置及结构

（2）风扇电动机

冷凝器风扇电动机安装在冷凝器风扇上，它由定子和转子两大部分组成（见图4-3）。定子由机座、主磁极、换向极、端盖、轴承和电刷装置等组成。

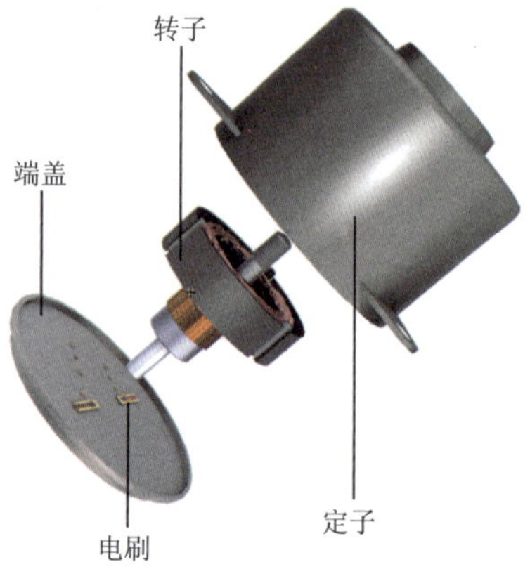

图4-3　冷凝器风扇结构

3. 冷凝器风扇工作原理

当冷凝器风扇IC（集成电路调节器）通过电刷在线圈中形成电流流动时，产生电磁力，线圈在电磁力作用下产生旋转运动，实现了将电能转换为机械能，如图4-4所示。

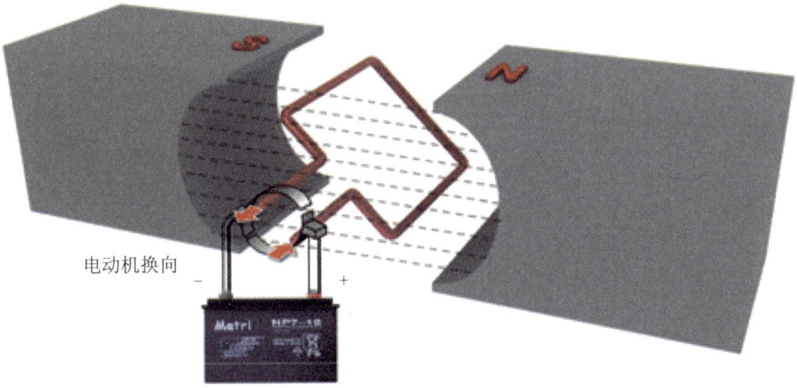

图4-4　冷凝器风扇电机工作原理

三、模块实践

（一）实践方案

1. 质量要求

参照厂家的质量标准要求，根据维修手册准确、规范地进行操作。

2. 作业准备

（1）设备器材

别克威朗汽车一辆、万用表、车内外三件套各一套、常用工具、工具车、零件车、标保工具车、垃圾桶等。

（2）场地设施

理实一体化教室、废气排放装置、消防设施等。

（3）耗材

干净抹布。

（二）操作步骤

1. 冷凝器风扇机械检测

① 使用车用翼子板保护车辆前围部件。关闭车辆点火开关，断开蓄电池负极电缆。

② 检查冷凝器风扇集风罩是否安装牢固，有无破损、老化开裂现象发生。

③ 检查车辆前格栅内部、冷凝器及散热器外部是否存在异物堵塞现象。

④ 手动转动冷凝器风扇叶片，检查风扇自由转动阻力是否过大，风扇是否存在晃动、跳动现象，风扇转动时是否存在异响、卡滞等情况发生。

2. 冷凝器风扇电气检测

① 将点火开关置于ON（打开）位置，但发动机不启动。

② 当使用故障诊断仪操作冷却风扇时，指令状态1～5应从OFF（停机）到High（高速）或从High（高速）到OFF（停机）依次执行。冷凝器风扇应根据指令，以不同转速工作。

四、巩固练习

1. 判断题

（1）冷凝器风扇起到辅助冷凝器散热的功用，若冷凝器风扇不工作，则制冷效果将大打折扣。（　　）

（2）风扇的扇风量主要与风扇直径、转速、叶片形状、叶片安装角度及叶片数有关。（　　）

（3）冷凝器风扇电动机工作原理是将电能转换成热能。（　　）

（4）如果在空调运行期间，低压侧和高压侧的压力均低于正常范围，并且冷凝器至制冷装置的管道结霜，则说明制冷剂循环不良导致系统不能有效制冷。（　　）

（5）冷凝器通常放置在发动机散热器前部，靠散热器的风扇强迫冷凝器对流换热，当汽车行驶时还可借助迎面风强化换热。（　　）

2. 选择题

（1）一个完整的空调系统主要由（　　）组成的。

A. 压缩机、冷凝器、电磁阀、蒸发器

B. 压缩机、气液分离器、冷凝器、蒸发器

C. 压缩机、过滤器、膨胀阀、冷凝器

D. 压缩机、冷凝器、膨胀阀、蒸发器

（2）（　　）是制冷系统中制冷剂气态转换成液态的分界线。

A. 储液干燥器　　B. 蒸发器　　C. 压缩机　　D. 冷凝器

（3）汽车冷凝器的冷却通风方法有（　　）。

A. 自然通风　　B. 风扇通风　　C. 顶面通风法　　D. A、B都是

（4）下列（　　）是检查真空系统泄漏的好方法。

A. 更换制冷剂

B. 在可疑的区域泼水

C. 用好的真空管或元件逐一替换

D. 逐一夹紧真空软管或堵住相关部件

（5）以下（　　）不属于冷凝器的类型。

A. 平行式冷凝器　　B. 圆管式冷凝器

C. 平行流式冷凝器　　D. 管带式冷凝器

3. 简答题

（1）简述冷凝器风扇的功用。

（2）简述冷凝器风扇的检修方法。

五、学习评价

冷凝器风扇检查

学生姓名：

作业时间：

序号	项目	评分项目	评价标准	分值	学生自评	学生互评	教师评价
1	冷凝器风扇电气检测	检查准备	安装内外三件套、断开蓄电池负极	10			
		检查冷凝器集风罩	安装是否牢固、有无破损、老化开裂	10			
		检查前格栅	是否有脏堵	10			
		检查冷凝器	是否有破损、变形或脏堵	10			
		检查冷凝器风扇叶片	旋转叶片是否有阻力、晃动等，叶片是否损坏	10			
2	冷凝器风扇电气测试	点火开关置于“ON”挡位	无须启动发动机	10			
		连接诊断仪	诊断仪连接正常	10			
		选择车型	车型选择正常	10			
		操作诊断仪进行风扇测试	能判断测试结果是否正常	10			
3	素养要求	按文明生产规则进行操作、及时清理工具和工作现场、执行6S管理		10			
项目得分				100			

模块二　冷凝器风扇控制电路检测

一、学习目标

1. 知识目标

（1）能阐述冷凝器控制电路组成。

（2）能阐述冷凝器的控制机理。

2. 技能目标

（1）能识读冷凝器风扇控制电路。

（2）能对冷凝器风扇控制电路进行检测。

3. 素养目标

（1）能在进行冷凝器风扇控制电路检测前，对客户车辆做好各种防护保护措施。

（2）能与团队成员友善并有效沟通，认真分析问题，提出合理的故障维修方案。

（3）在进行电路测量时，能做到认真细心、严谨细致、实事求是。

（4）能对客户认真、耐心解释数据内容和故障原因。

（5）能从实际工作案例中，不断提高自身技术水平，做到精益求精。

（6）能按文明生产规则进行空调系统维护，及时清理工作现场，进行6S管理。

二、知识准备

1. 冷凝器风扇控制电路的作用及分类

冷凝器与散热器共用一个散热风扇，但对于发动机冷却系统来说，并不需要冷凝器风扇以最高转速长时间运转，这会在一些条件下阻碍发动机保持其工作温度。因此，冷凝器风扇需要专门的控制电路来控制其是否运转，以及运转转速的切换。

冷凝器风扇控制电路主要分成A/C开关直接控制型、继电器控制型和多传感器控制型三种。

（1）A/C开关直接控制型冷凝器风扇控制电路

如图4-5所示，A/C开关直接控制型冷凝器风扇控制电路主要由电源、冷凝器风扇、冷凝器风扇继电器、A/C开关等组成。

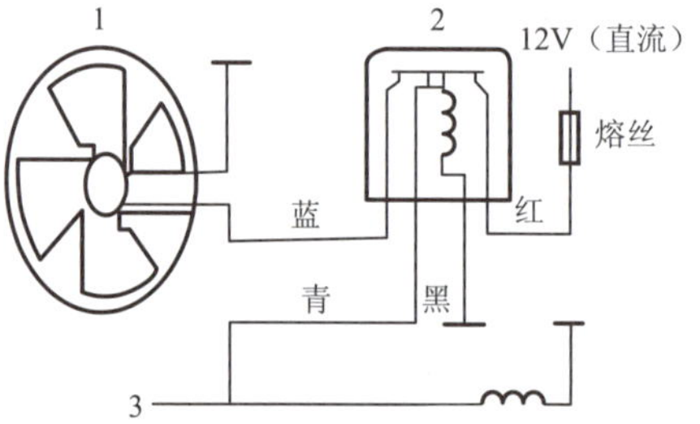

图4-5　A/C开关直接控制型冷凝器风扇控制电路

1—电子风扇；2—风扇继电器；3—A/C开关

当A/C开关按下时，电流通过A/C开关流经冷凝器风扇继电器线圈端形成回路，线圈通电形成磁场，将继电器主触点吸合。电源电流通过冷凝器风扇继电器触点端流经冷凝器风扇形成回路，冷凝器风扇通电运转。

A/C开关直接控制型冷凝器风扇控制电路结构简单、制作成本低，且易于维修，可以在A/C开关打开时控制冷凝器风扇开启运转。但冷凝器风扇无法根据制冷系统的温度状况进行调速，无法使冷凝器与散热器温度控制在理想状态下，因此只在早期汽车空调中使用，现在使用较少。

（2）继电器控制型冷凝器风扇控制电路

如图4-6所示，继电器控制型冷凝器风扇控制电路主要由工作电源、冷凝器风扇、J1（低速继电器）、J2（高速继电器）、F18热敏开关、F129空调压力开关、冷却风扇电动机组成。

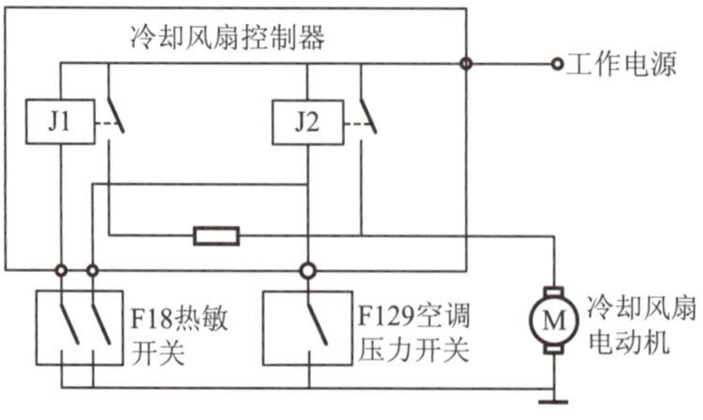

图4-6　继电器控制型冷凝器风扇控制电路

在A/C开关按下后，热敏开关接通低速继电器J1线圈端回路，线圈通电闭合继电器主触点，电流流经主触点后被冷凝器风扇调速电阻分压之后驱动冷凝器风扇运转，此时散热器温度较低，由热敏开关控制回路中接入调速电阻，冷凝器风扇低速运转。当散热器温度较高时，热敏开关控制接通高速继电器J2线圈端，电流直接经高速继电器J2触点端驱动冷凝器风扇。此时，冷凝器风扇不经过调速电阻分压，为高速运转以提高散热效率。

相比A/C开关直接控制型冷凝器风扇控制电路来说，继电器控制型冷凝器风扇控制电路中的热敏开关能根据散热器温度调节冷凝器风扇挡位，解决了在部分情况下高速运转的冷凝器使发动机温度降低过度的情况。

2. 别克威朗冷凝器风扇控制电路

如图4-7所示，别克威朗冷凝器风扇控制电路主要由电源熔丝、冷凝器风扇、发动机控制模块、冷凝器风扇逻辑电路等部件组成。

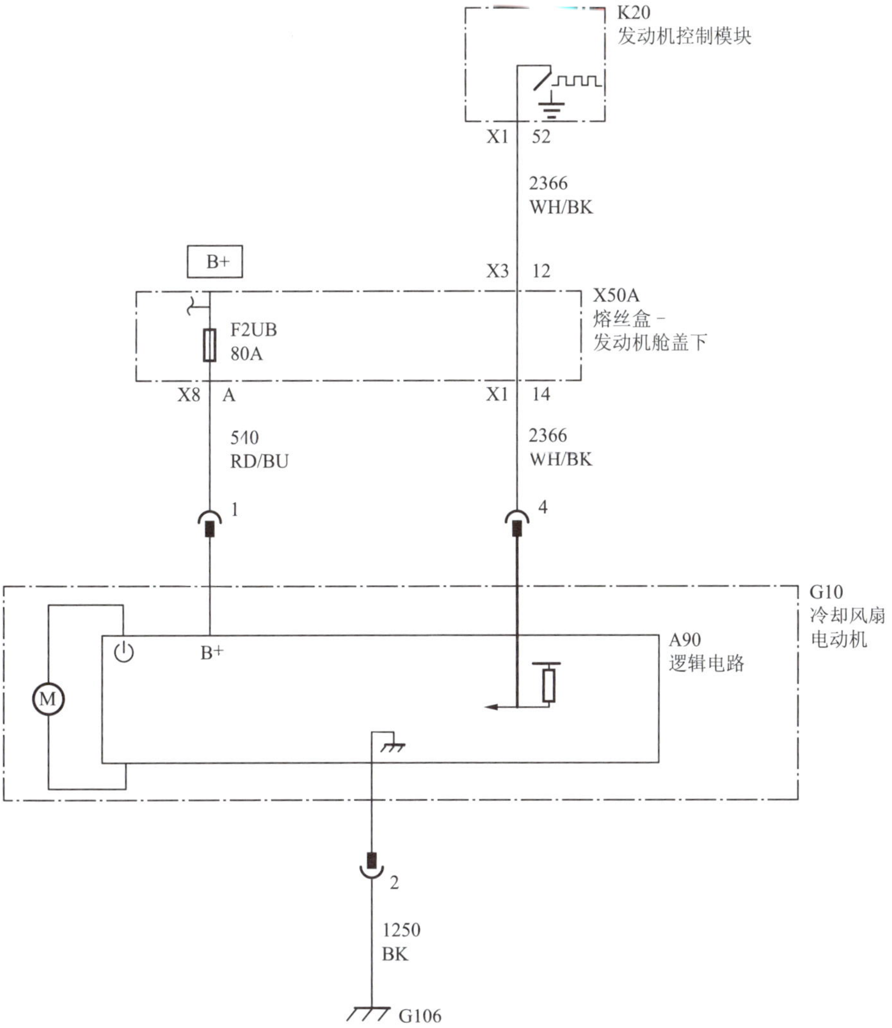

图4-7　别克威朗冷凝器风扇控制电路

别克威朗冷凝器风扇控制电路的工作原理是通过冷凝器风扇逻辑电路来控制冷凝器风扇工作。别克威朗冷凝器风扇控制电路有两个工作状态：

（1）空调不工作时

冷凝器风扇工作与否取决于发动机冷却液温度，当冷却液温度升高后，水温开关将水温信号传递给发动机控制模块，发动机控制模块输出信号给冷却风扇控制模块，模块内部逻辑电路控制冷凝器风扇低速运转。

（2）空调工作时

空调工作时，水温控制器回路仍然起作用，这时冷凝器风扇受空调和水温控制回路的双重控制，在空调高压开关的作用下空调模块接收信号并与发动机模块通信，发动机模块控制冷却风扇控制模块输出信号，冷凝器风扇逻辑电路控制冷凝器风扇高速运转。

别克威朗冷凝器风扇控制电路相比其他控制电路较为复杂、制造成本高，但别克威朗冷凝器风扇控制电路可以根据冷却液温度与空调压力控制其转速挡位，提高了散热器温度控制精度。

三、模块实践

（一）实践方案

1. 质量要求

参照厂家的质量标准要求，根据维修手册准确、规范地进行操作，注意保持空调制冷系统循环管路内的清洁。

2. 作业准备

（1）设备器材

别克威朗汽车一辆、万用表、车辆维修室内三件套一套、常用工具、工具车、零件车、标保工具车、垃圾桶等。

（2）场地设施

理实一体化教室、废气排放装置、消防设施等。

（3）耗材

干净抹布。

（二）操作步骤

1. 冷凝器风扇控制电路检测

冷却风扇系统由一个电动冷却风扇和一个冷却风扇控制模块组成。发动机控制模块（ECM）通过向冷却风扇控制模块发送脉冲宽度调制（PWM）信号来控制风扇转速。冷却风扇控制模块根据这一脉宽调制信号来改变冷却风扇电动机的电压降，从而使冷却风扇转速可变。其中冷凝器风扇模块1号端子为风扇电源电路；2号端子为搭铁电路；3号端子悬空；4号端子接收来自发动机的ECU信号，为风扇控制电路。

① 将点火开关置于ON（打开）位置。用故障诊断仪指令冷却风扇启用时，确认G10冷却风扇电动机在每个可用速度下启动。冷却风扇的转速应随着每个指令状态而增加。故障诊断仪显示界面如图4-8所示。

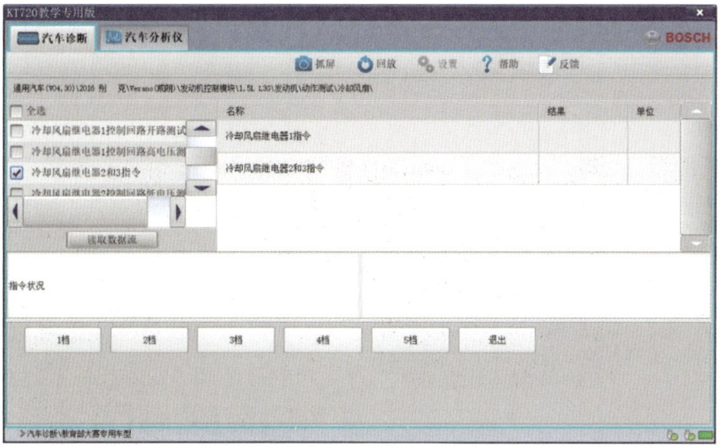

图4-8　故障诊断仪显示界面

② 将点火开关置于OFF（关闭）位置，断开G10冷却风扇电动机处的线束连接器，再将点火开关置于ON（打开）位置。确认B+电路端子1和搭铁之间的测试灯点亮（见图4-9）。

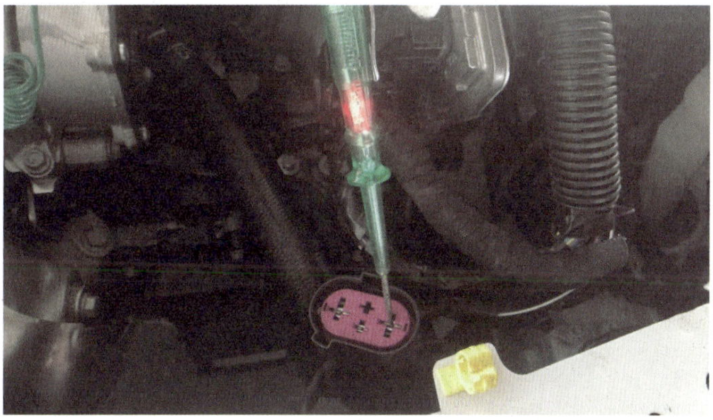

图4-9　测试电路端子和搭铁电路

③ 如果测试灯未点亮，则检查F2UB熔丝是否完好（见图4-10）。

图4-10　检查F2UB熔丝

④ 测试B+电路端子至G10-1端子的电阻是否小于2Ω。

⑤ 在控制电路端子G10-4和搭铁之间连接一个数字万用表，设定为二极管挡。用诊断仪指令冷却风扇停机时，数字万用表读数应大于2.5 V或显示“过载”；如果小于2.5 V，则检查电路是否与搭铁短路（见图4-11）。

图4-11　用数字万用表检查电路是否与搭铁短路

⑥ 使用故障诊断仪采用指令冷却风扇启用。数字万用表读数应小于1 V。如果大于1 V，则检查电路是否对电源短路（见图4-12）。

图4-12　用数字万用表检查电路是否对电源短路

⑦ 如果以上步骤均无故障，则冷却风扇模块损坏。

2. 温度开关检测

① 拆下冷凝器温度开关。

② 将冷凝器温度开关放置入热水中。

③ 控制并测定水温。

④ 当水温在90 ℃以下时，温度开关1号引脚与2号引脚应该导通。使用万用表检测1号引脚与2号引脚之间电阻值，参考电阻应小于1 Ω，若电阻值为无穷大则说明温度开关损坏。

⑤ 当水温高于95 ℃时，温度开关3号引脚与4号引脚应该导通。使用万用表检测3号引脚与4号引脚之间的电阻值，参考电阻应小于1 Ω，若电阻值为无穷大则说明温度开关损坏。

四、巩固练习

1. 判断题

（1）冷凝器与散热器共用一个散热风扇，但对于发动机冷却系统来说，并不需要冷凝器风扇以最高转速长时间运转，这会在一些条件下阻碍发动机保持其工作温度。（　　）

（2）A/C开关直接控制型冷凝器风扇控制电路结构简单、制作成本低，且易于维修，可以控制冷凝器风扇转速挡位。（　　）

（3）冷凝器泄漏多是因为撞击或自身质量问题而引起，而泄漏部位会有明显的油迹。（　　）

（4）管带式冷凝器的传热效率圆管式可提高15%～20%，所以近年来使用较多。（　　）

（5）管带式冷凝器一般是将宽度为22 mm、34 mm、44 mm、48 mm的扁平管弯成蛇形管，在其中安置散热带，然后进入真空加热炉，将管带间焊好。（　　）

2. 选择题

（1）在维修冷凝器时，甲说：“可用溶剂和软毛刷清洗散热片之间的灰尘”；乙说：“可用梳子校直冷凝器的散热片”，则（　　）。

A. 甲正确　　B. 乙正确

C. 两人均正确　　D. 两人均不正确

（2）汽车空调制冷方式很多,下列属于空调制冷的方式有（　　）。

A. 电力制冷　　B. 液体汽化制冷

C. 气体膨胀制冷　　D. 涡流管制冷

（3）汽车空调系统中，将从压缩机出来的高压高温制冷剂冷却为高压液体的装置是（　　）。

A. 蒸发器　　B. 膨胀阀　　C. 储液干燥器　　D. 冷凝器

（4）冷凝器风扇一般应装在（　　）。

A. 冷凝器前方　　B. 冷凝器后方

C. 膨胀阀和蒸发器之间　　D. 发动机内部

3. 简答题

（1）简述继电器控制型冷凝器风扇控制电路的工作原理。

（2）简述空调冷凝器控制电路元件检测的步骤。

五、学习评价

冷凝器风扇控制电路检测							
学生姓名： 作业时间：							
序号	项目	评分项目	评价标准	分值	学生自评	学生互评	教师评价
1	电路检测	连接诊断仪，并用诊断仪控制冷凝器风扇启动	诊断仪连接正确，车型选择正确。在不同风速下启动冷凝器风扇	15			
		冷凝器风扇B+线路断路检测	断开冷凝器风扇线束连接器前必须断开蓄电池负极。能判断B+线路是否断路	25			
		冷凝器风扇B+线路短路检测	能判断B+线路是否短路	25			
		控制电路检测	万用表“二极管”挡位设置正确。能判断控制电路是否正常	25			
2	素养要求	按文明生产规则进行操作、及时清理工具和工作现场、执行6S管理		10			
项目得分				100			

知识迁移与拓展

1. 冷凝器的类型

汽车空调制冷系统中的冷凝器是一种由管子与散热片组合起来的热交换器。其作用是，将压缩机排出的高温、高压制冷剂蒸气进行冷却，使其凝结为高压制冷剂液体。

汽车空调制冷系统冷凝器的结构形式主要有管片式、管带式和鳍片式3种。

（1）管片式冷凝器

管片式冷凝器是由铜质或铝质圆管套上散热片组成的，如图4-13所示。片与管组装后，经胀管处理，使散热片与散热管紧密接触，使之成为冷凝器总成。这种冷凝器结构比较简单，加工方便，但散热效果较差。一般用在大中型客车的制冷装置上。

（2）管带式冷凝器

管带式冷凝器（见图4-14）一般是将宽度为22 mm、32 mm、44 mm、48 mm的扁平管弯成蛇形管，在其中安置散热带，然后进入真空加热炉，将管带间焊好。管带式可以轧制成多孔式，这样能增大蒸气和环境的热交换面积。这种冷凝器的传热效率比管片式可提高15%～20%，所以，近年来用得较多。

（3）鳍片式冷凝器

鳍片式冷凝器的散热片是在扁平的多通管道表面直接突出出来的鳍片状散热片，然后装配成鳍片式冷凝器，如图4-15所示。由于散热片与管子为一个整体，因而不存在接触热阻，故散热性能好；另外，管、片之间无须复杂的焊接工艺，加工性好，节省材料，而且抗振性也特别好。所以，是目前较先进的汽车空调冷凝器。

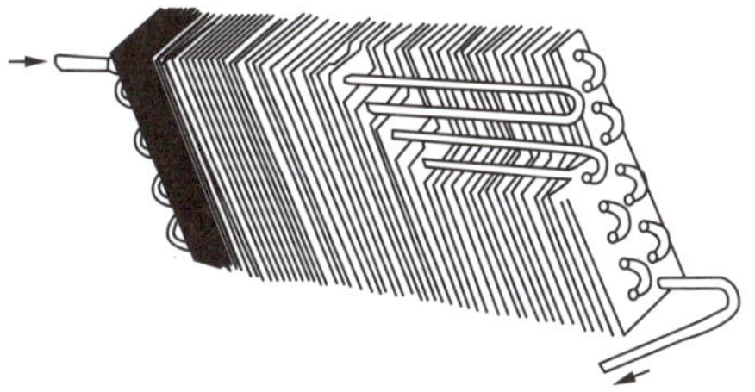

图4-13　管片式冷凝器

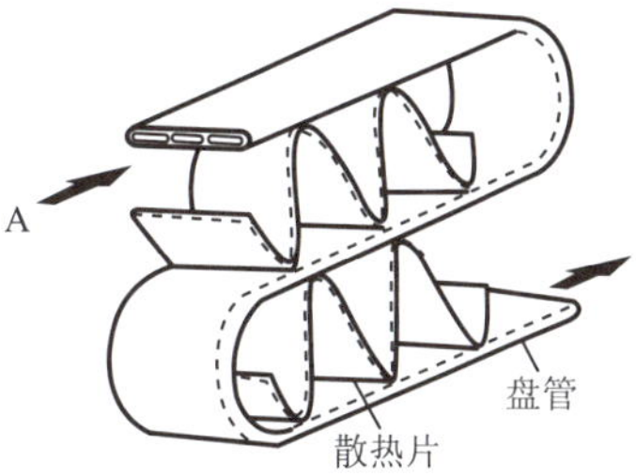

图4-14　管带式冷凝器

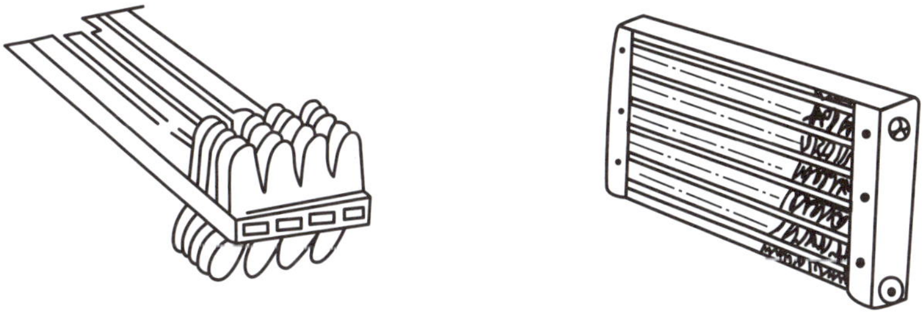

（a）散热片形状　　（b）冷凝器外形

图4-15　鳍片式冷凝器

2. 冷凝器的工作原理

冷凝器的工作原理是高温高压气态制冷剂经冷凝器，通过与空气流动交换，把热量散发出去，所以冷凝器就是将制冷剂蒸气冷凝成制冷剂液体的一个器件（见图4-16）。因为它要不断地散热，其表面温度比较高，所以汽车空调系统的冷凝器后方一般安装有冷却风扇，采用强制送风的方式辅助冷凝器将热量交换到大气中。

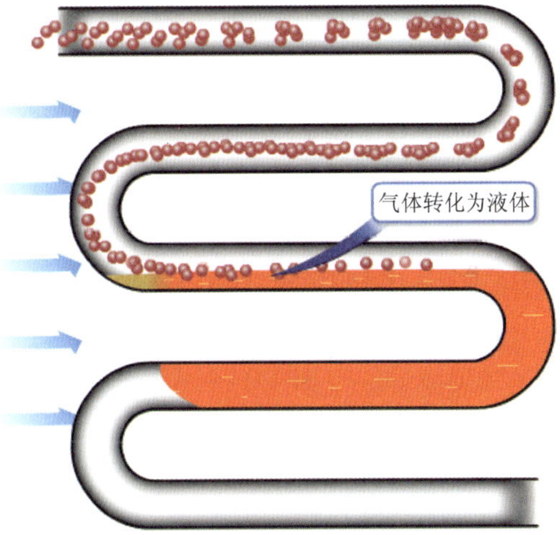

图4-16　冷凝器工作原理

3. 冷凝器的常见故障

冷凝器的常见故障是外部堵塞、损坏泄漏。

① 外部堵塞是因为空调冷凝器大多布置在车前部、侧面或车底部，尘土、树叶、飞虫及外来其他异物等很容易聚集在冷凝器散热片之间，从而引起空气流通不畅，导致冷凝器散热不良。另外，地面泥浆溅入，管子和散热片表面的泥尘也会影响冷凝器的散热；泥浆同时易腐蚀冷凝器管子和散热片。因此，冷凝器散热片及盘管必须保持表面清洁，要经常对其表面进行检查和清洗。清洗冷凝器表面一般可用软毛刷和自来水。注意，不要弄弯散热片，如果发现散热片倒伏，应加以矫正。

② 冷凝器损坏泄漏多是因为撞击或自身质量问题而引起，而且泄漏部位会有明显的油迹。因冷凝器承受高温高压，所以对漏洞不宜自行采用焊接方法维修，最好送专业维修人员修理，或发现有泄漏就更换新冷凝器。

项目五 鼓风机缺挡故障检修

项目描述

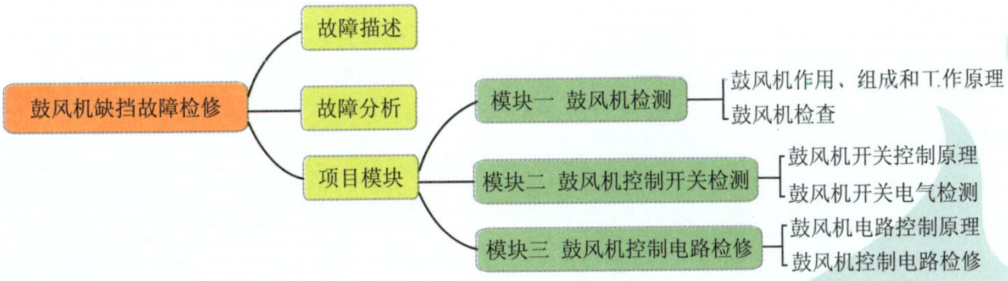

故障描述

夏天刚至，一辆2016年威朗1.6排量轿车来店维修。车主反映空调风量挡位调节至1挡、2挡时，空调出风口无风吹出。经检查，发现当按下A/C开关后，压缩机能正常吸合，制冷效果正常，鼓风机在风量挡位调节至1挡和2挡时不工作，其余挡位下出风口风量正常。经询问，这是车主今年夏天第一次使用空调。

故障分析

经检查，确认在A/C开关打开后，压缩机电磁离合器吸合正常、冷凝器风扇工作正常，制冷效果良好，但鼓风机在1挡风量和2挡风量时无法正常工作，可以确认故障现象为空调制冷效果差。由于压缩机电磁离合器能正常吸合、冷凝器风扇工作正常，可初步判断为空调系统鼓风机缺挡故障。所以，需要进一步检查鼓风机及其控制电路是否存在故障。本项目围绕空调系统鼓风机缺挡故障检修进行三个模块的讲授，即鼓风机检测、鼓风机控制开关检测、鼓风机控制电路检测。

项目模块

模块一　鼓风机检测

一、学习目标

1. 知识目标

（1）能叙述鼓风机的作用。

（2）能阐述鼓风机的组成与工作原理。

2. 技能目标

（1）能拆卸和安装鼓风机。

（2）能对鼓风机进行检查。

3. 素养目标

（1）能在进行鼓风机检测前，对客户车辆做好各种防护保护措施。

（2）能与团队成员友善并有效沟通，认真分析问题，提出合理的故障维修方案。

（3）读取数据值时，能做到认真细心、严谨细致、实事求是。

（4）能对客户认真、耐心解释数据内容和故障原因。

（5）能按文明生产规则进行空调系统维护，及时清理工作现场，进行6S管理。

二、知识准备

1. 鼓风机的结构与功用

（1）鼓风机的结构

鼓风机主要由直流电动机和离心式风扇叶片组成，如图5-1所示。离心式风扇叶片是根据动能转换为势能的原理，利用高速旋转的叶轮将气体加速，然后在风道内减速、改变流向，使动能转换成压力能。

（2）鼓风机的功用

汽车空调系统的蒸发器采用直接蒸发式的结构，这种结构由热交换器和鼓风机组成。鼓风机能将车外或车内的空气吸入，强制气流流过蒸发器空气侧，气流则将蒸发器制冷器侧液态制冷剂蒸发时产生的冷量带入车内，使空气形成循环对流，如图5-2所示。

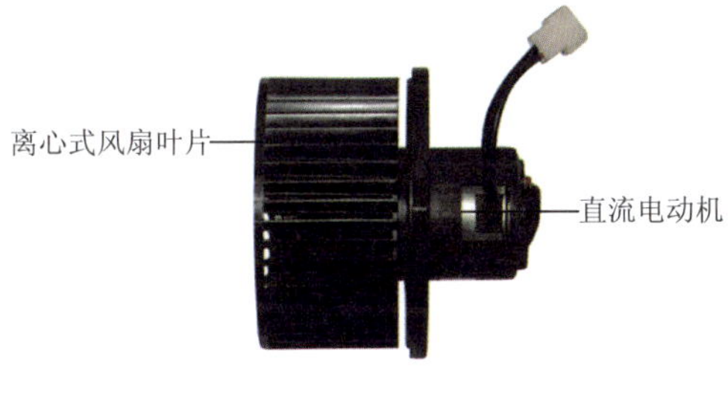

图5-1　鼓风机的结构

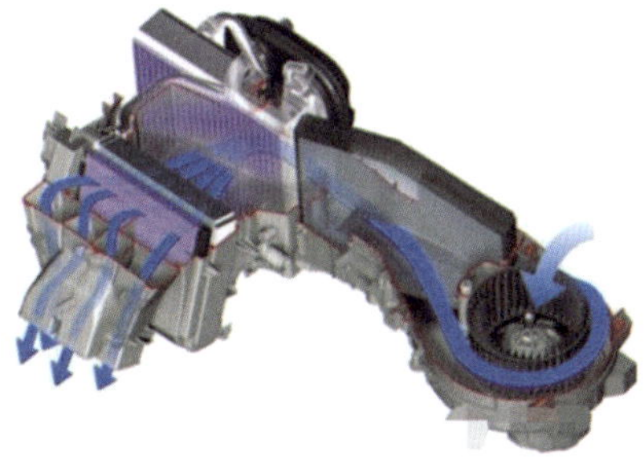

图5-2　鼓风机的功用

在一些高档汽车上的空调中，常把鼓风机调速模块集成在鼓风机总成内，如图5-3所示。

2. 鼓风机的工作原理

鼓风机的动力核心是一个普通的直流电动机，是根据通电导体在磁场中会受力的原理来工作的。电动机的转子上绕有线圈，通入电流；定子作为磁场线圈也通入电流，产生定子磁场；通电流的转子线圈在定子磁场中，就会产生电动力，推动转子旋转（见图5-4）。转子电流是通过整流子上的电刷连接到直流电源的。而通过改变鼓风机电动机的输入电压就可以控制鼓风机运转的转速。

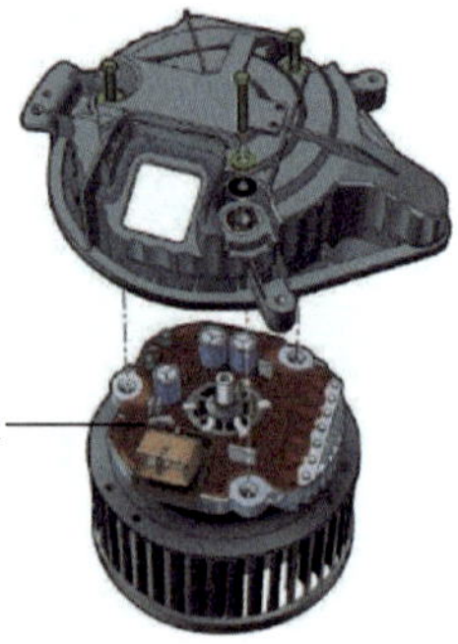

图5-3 鼓风机调速模块

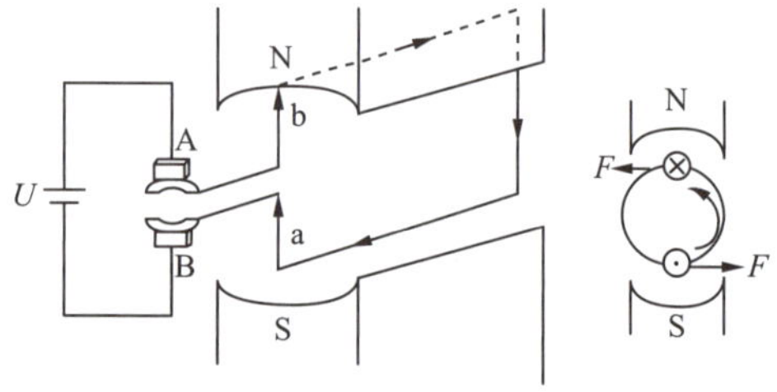

图5-4 鼓风机电动机的工作原理

3. 鼓风机常见故障

鼓风机能提供外部的空气（在内循环模式时是内部空气）给蒸发器。蒸发器冷却并干燥这些空气，然后再吹到车厢内部。鼓风机不正常工作的表现有：噪声、出风口风速偏小、无风吹出或空调不工作。出现以上故障的原因主要有：鼓风机元件本身物理损坏、电路故障、通风管路故障或受污染等。

三、模块实践

（一）实践方案

1. 质量要求

参照厂家的质量标准要求，根据维修手册准确、规范地进行操作。

2. 作业准备

（1）设备器材

别克威朗汽车一辆、万用表、车内外三件套各一套、常用工具、工具车、零件车、标保工具车、垃圾桶等。

（2）场地设施

理实一体化教室、废气排放装置、消防设施等。

（3）耗材

干净抹布。

（二）操作步骤

1. 鼓风机工作状态检查

① 检查进风格栅是否有碎屑。

② 坐在车内，关闭车门和车窗，并将点火开关置于ON（打开）位置；打开鼓风机，检查鼓风机是否有噪声。

③ 触摸鼓风机壳体，检查鼓风机电动机是否在每一个转速下运行时都过度振动。

2. 拆卸鼓风机

① 拆卸仪表板2号底罩分总成。

② 拆卸鼓风机电动机分总成。

③ 拆卸鼓风机电阻（见图5-5）。

3. 检查鼓风机

① 检查鼓风机电动机叶轮是否有异物沉积。

② 检查鼓风机电动机是否有异物沉积（见图5-6）。

③ 检查鼓风机电动机是否存在叶片开裂、叶轮固定件松动、叶轮定位不正确等情况。

图5-5　拆卸鼓风机电阻

图5-6　检查鼓风机电动机

4. 安装鼓风机

（1）安装鼓风机电动机分总成

① 使用3个螺钉安装鼓风机电动机分总成。

② 连接连接器。

③ 安装快速加热器连接器螺钉。

（2）安装仪表板2号底罩分总成

四、巩固练习

1. 判断题

（1）鼓风机能将车外或车内的空气吸入，强制气流流过蒸发器空气侧，气流则将蒸发器制冷器侧液态制冷剂蒸发时产生的冷量带入车内，使空气形成循环对流。　（　　）

（2）鼓风机主要由直流电动机、转速传感器和离心式风扇叶片组成。　（　　）

（3）鼓风机只能将外部的空气提供给蒸发器。　（　　）

（4）国汉诺威医学院的研究人员经过研究发现，汽车空调系统能够除去来自车外的80%以上的细菌、真菌孢子和颗粒物，对于有呼吸道疾病和过敏症状的人来说颇有益处。　（　　）

2. 选择题

（1）鼓风机是空调制冷系统中（　　）的组成部件。

A. 压缩机　　B. 冷凝器

C. 储液干燥器　　D. 蒸发器

（2）鼓风机的核心动力来源是（　　）。

A. 发动机　　B. 交流电机　　C. 直流电机　　D. 发电机

（3）要想改变鼓风机的转速，可以改变鼓风机电动机的（　　）。

A. 输入电压　　B. 体积大小

C. 散热速度　　D. 质量

（4）若车辆空调系统无风吹出，以下检查错误的是（　　）。

A. 检查电磁离合器阻值　　B. 检查鼓风机阻值

C. 检查鼓风机供电电路　　D. 检查鼓风机机械损伤

3. 简答题

（1）简述鼓风机的基本工作原理。

（2）简述检修鼓风机的工作步骤。

五、学习评价

鼓风机检测

学生姓名：
作业时间：

序号	项目	评分项目	评价标准	分值	学生自评	学生互评	教师评价
1	鼓风机就车检查	点火开关置于ON位置		5			
		打开鼓风机，检查鼓风机是否有噪声		10			
		触摸鼓风机壳体，检查鼓风机每个挡位下运行是否过度振动	每个挡位都要检查	20			
2	拆装鼓风机	拆卸杂物箱盖		15			
		拆卸鼓风机		15			
		检查鼓风机	检查电动机叶轮；检查电动机	15			
		安装并复原各零部件		10			
3	素养要求	按文明生产规则进行操作、及时清理工具和工作现场、执行6S管理		10			
项目得分				100			

模块二 鼓风机控制开关检测

一、学习目标

1. 知识目标

（1）能阐述鼓风机开关的控制原理。

（2）能阐述鼓风机开关的简单故障原因。

2. 技能目标

（1）能识读控制面板电路。

（2）能对控制面板进行电气检测。

3. 素养目标

（1）能在进行鼓风机控制开关检测前，对客户车辆做好各种防护保护措施。

（2）能与团队成员友善并有效沟通，认真分析问题，提出合理的故障维修方案。

（3）读取数据值时，能做到认真细心、严谨细致、实事求是。

（4）能对客户认真、耐心解释数据内容和故障原因。

（5）能按文明生产规则进行空调系统维护，及时清理工作现场，进行6S管理。

二、知识准备

1. 汽车空调控制面板

汽车空调控制面板安装在靠近仪表板中心，以便于驾驶人或乘客能轻便操作。控制面板可用于启动或停止空调、改变温度设置、开启或关闭通风挡板、进行内部循环和外部新鲜空气之间的切换、提高和降低风量等，如图5-7所示。而鼓风机挡位开关属于空调控制面板众多开关中的一员。

图5-7 汽车空调控制面板

汽车空调控制面板在工作时由蓄电池供电，受点火开关控制。当点火开关打开时，蓄电池电压通过F21DA熔丝向空调控制面板总成B+端子供电，10号端子则引出接地线路（见图5-8）。

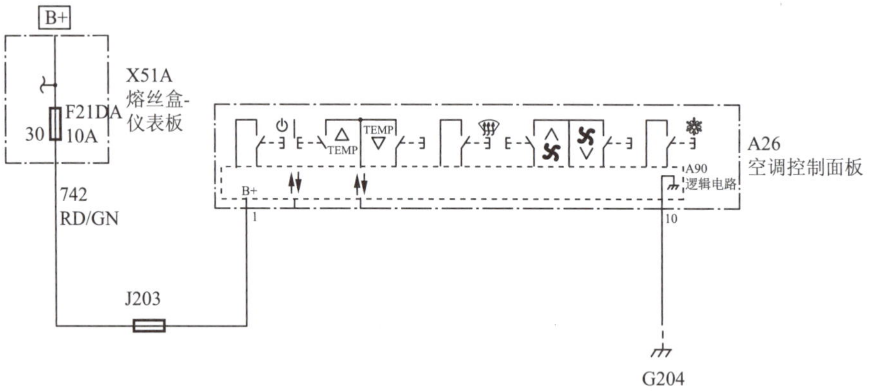

图5-8　空调控制面板工作电路

2. 空调鼓风机控制开关工作原理及常见故障

（1）工作原理

当鼓风机控制开关处于不同挡位时，会将信号通过数据传输线发送至HVAC控制器，控制器根据该信号控制鼓风机以不同速度工作。

也有部分车型采用组合开关式的鼓风机控制开关。当开关处于不同挡位，电流流经不同调速电阻，鼓风机以不同转速工作，如图5-9所示。

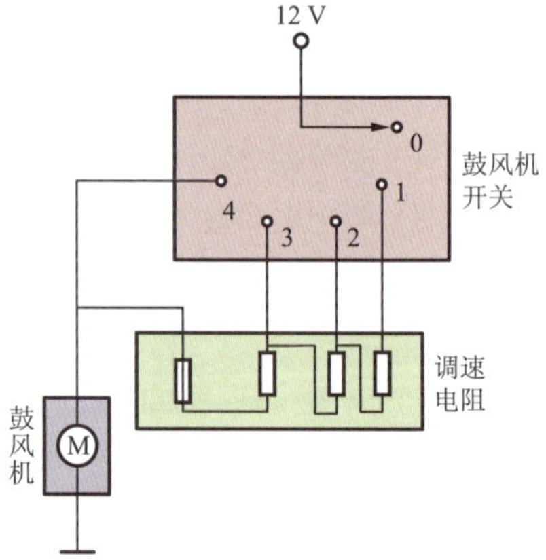

图5-9　鼓风机控制开关电路

（2）常见故障

① 由于开关的固定螺栓松动和旋转操作频繁，导线压接容易松动而造成外部连接点放电、烧蚀或断路。此时应拧紧固定螺栓，并适当减少操作次数。

② 开关内部转轴上的扭簧松软或断裂，导致动触点无法转动，造成接点位置改变。此时应更换控制开关。

③ 开关内部的动、静触点或开关额定电流小于负荷回路电流，造成内部接点电弧烧蚀。在这种情况下，应调整动、静触点或换上电流较大的开关。如故障现象严重，应更换新的控制开关，以免由部件高温引发的失火事故。

三、模块实践

（一）实践方案

1. 质量要求

参照厂家的质量标准要求，根据维修手册准确、规范地进行操作，注意保持空调制冷系统循环管路内的清洁。

2. 作业准备

（1）设备器材

别克威朗汽车一辆、万用表、车内外三件套各一套、常用工具、工具车、零件车、标保工具车、垃圾桶等。

（2）场地设施

理实一体化教室、废气排放装置、消防设施等。

（3）耗材

干净抹布。

（二）操作步骤

1. 鼓风机控制开关的检修

① 连接诊断仪，点火开关置于ON位置，并操作A26空调控制面板上的鼓风机开关，按鼓风机转速从小到大调节鼓风机旋钮，诊断仪应显示相应的转速。调节鼓风机开关诊断仪显示界面如图5-10所示。

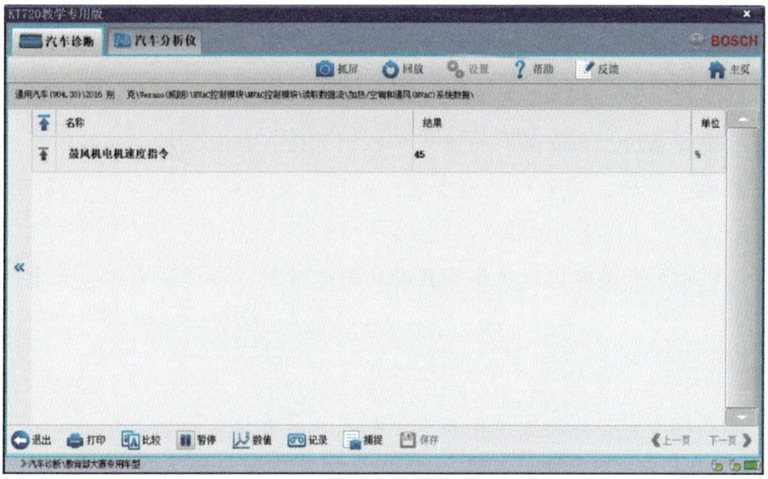

图5-10　调节鼓风机开关诊断仪显示界面

② 用诊断仪直接操作鼓风机，鼓风机应能按操作指令运转（见图5-11）。如果鼓风机未按操作指令运转，则更换空调控制器。

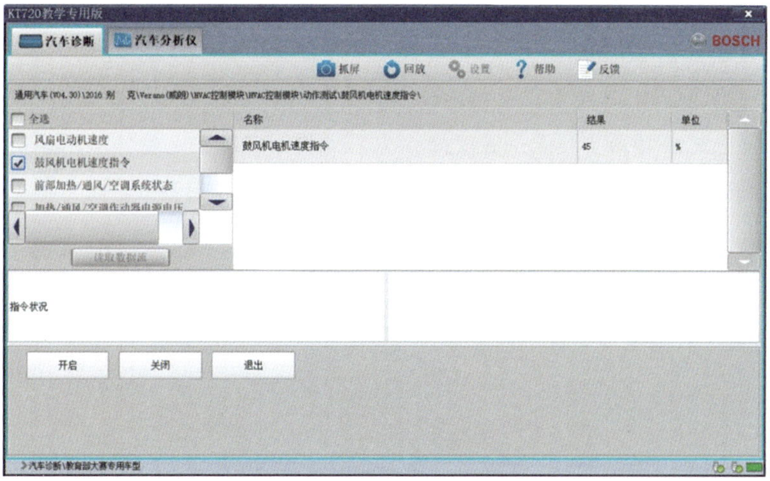

图5-11　使用诊断仪操作鼓风机

③ 如果鼓风机旋钮不能操作鼓风机运转，但诊断仪能直接操作鼓风机运转，则检查空调控制模块至空调控制面板A26的通信线路。如果通信线路良好，则更换空调控制面板。

2. 鼓风机控制开关的电路检测

① 断开A26控制面板插座，在线束1号端子与搭铁间连接试灯，打开点火开关至ON位置，试灯应点亮；否则，检查该电路是否发生断路或短路故障。

② 关闭点火开关，测量线束10号端子至车身搭铁间的电阻，应小于2Ω；否则，检查该线路是否发生断路故障。

四、巩固练习

1. 判断题

（1）汽车空调控制面板安装在靠近仪表板中心，以便于驾驶人或乘客能轻便操作。（　　）

（2）汽车空调控制面板在工作时由蓄电池供电，但并不受点火开关控制。（　　）

（3）所有车型均采用组合开关式的鼓风机控制开关，控制鼓风机的转动速度。（　　）

（4）发动机大负荷时，应暂时关闭空调；否则，发动机一旦过热，既影响汽车行驶，也会影响空调的使用。（　　）

（5）当鼓风机控制开关额定电流小于负荷回路电流时，会造成内部接点电弧烧蚀。（　　）

2. 选择题

（1）如果鼓风机控制开关故障现象严重，如不及时更换可能会引起（　　）。

A. 部件高温　　B. 部件着火

C. 车辆损坏　　D. A、B、C均有可能

（2）如果鼓风机旋钮不能操作鼓风机，但是用诊断仪可以直接操作鼓风机则故障原因可能是（　　）。

A. 空调控制面板损坏　　B. 通信线路损坏

C. 鼓风机损坏　　D. A、B均有可能

（3）如果鼓风机控制开关内部转轴上的扭簧断裂，会导致（　　）。

A. 触点无法转动、接点位置改变　　B. 触点无法转动、接点位置不变

C. 触点可以转动、接点位置改变　　D. 触点无法转动、接点位置不变

3. 简答题

（1）简述空调控制面板检测的步骤。

（2）简述鼓风机控制开关检测的步骤。

五、学习评价

鼓风机控制开关检测							
学生姓名： 作业时间：							
序号	项目	评分项目	评价标准	分值	学生自评	学生互评	教师评价
1	鼓风机控制开关检测	连接诊断仪	正确连接诊断仪。车型选择正确	10			
		打开点火开关，操纵鼓风机开关，从小到大调节鼓风机旋钮，观察诊断仪显示的数据	能判断数据是否正确	15			
		用诊断仪操作鼓风机	能用诊断仪操作鼓风机，能判断电路是否正常	15			
2	鼓风机控制开关电路检测	检测控制面板电源电路	能判断电源电路是否正常	25			
		检测控制面板搭铁电路	能判断搭铁电路是否正常	25			
3	素养要求	按文明生产规则进行操作、及时清理工具和工作现场、执行6S管理		10			
项目得分				100			

模块三 鼓风机控制电路检修

一、学习目标

1. 知识目标

（1）能阐述鼓风机控制电路的组成。

（2）能阐述鼓风机的控制机制。

2. 技能目标

（1）能识读鼓风机控制电路。

（2）能对鼓风机控制电路进行检测。

3. 素养目标

（1）能在进行鼓风机控制电路检测前，对客户车辆做好各种防护保护措施。

（2）能与团队成员友善并有效沟通，认真分析问题，提出合理的故障维修方案。

（3）在进行电路测量时，能做到认真细心、严谨细致、实事求是。

（4）能对客户认真、耐心解释数据内容和故障原因。

（5）能从实际工作案例中，不断提高自身技术水平，做到精益求精。

（6）能按文明生产规则进行空调系统维护，及时清理工作现场，进行6S管理。

二、知识准备

1. 鼓风机控制电路的分类

鼓风机电动机是典型的直流电动机，一般通过改变工作电流的大小来改变鼓风机的转速。不同车型鼓风机的控制电路主要有两种形式，即调速电阻式和调速控制器式。

（1）调速电阻式

如图5-9所示，通过改变鼓风机开关与调速电阻的接通方式可使鼓风机以4种不同的转速工作。当鼓风机开关处于0位时，鼓风机不工作；当鼓风机开关处于1位时，鼓风机的电路中串联了3个电阻，鼓风机低速运转；当鼓风机开关处于2位时，鼓风机的电路中串联了2个电阻，鼓风机中速运转；当鼓风机开关处于3位时，鼓风机的电路中只串联1个电阻，鼓风机中高速运转；当鼓风机开关处于4位时，鼓风机的电路中不串联电阻，鼓风机高速运转。由以上原理可知，若调速电阻损坏，鼓风机处于4位时可以正常工作，处于1、2、3位时至少有一位不工作。

调速电阻一般安装在蒸发器组件上，利用气流进行冷却，而为了避免电阻温度因鼓风机堵转而不断上升，需要在电路中添加温度保护开关（熔丝），以便在电阻温度过高时及时切断鼓风机电路。鼓风机开关装在空调控制面板上，设置不同的挡位供调速用，在设置时，鼓风机开关可以控制鼓风机电源，也可以控制鼓风机搭铁。这种控制方式的原理比较简单，成本较低，维修方便，但调节范围小，并且很多功率白白消耗在了调速电阻上。

（2）调速控制器式

如图5-12所示，空调控制单元通过端子B向调速控制器发送PWM（脉冲宽度调制）占空比信号，以改变鼓风机的工作电压，从而改变鼓风机的转速。

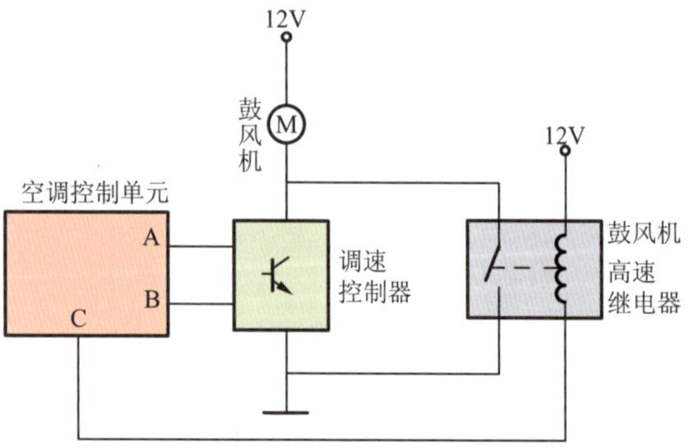

图5-12　调速控制器式

PWM占空比信号越大，鼓风机转速越高；反之，鼓风机转速越低。空调控制单元通过端子A接收鼓风机工作时的电压反馈信号，以反馈鼓风机的实际工作情况。采用PWM控制鼓风机转速，可以实现鼓风机转速的无级调节。在有些车型上还设有鼓风机高速继电器，空调控制单元通过控制端子C搭铁，使鼓风机高速运转，这样即使调速控制器损坏，鼓风机仍能高速运转。

2. 汽车空调鼓风机控制电路

每个车系的空调鼓风机控制电路都不尽相同，但其基本的控制原理类似。图5-13所示为别克威朗空调鼓风机控制电路图。该电路鼓风机调速的方式为PWM调压控制。由熔丝、空调系统控制模块、鼓风机电动机控制模块、空调面板以及鼓风机逻辑控制电路组成。

电路的工作原理：空调面板通过数据传输CAN线将驾驶人预期的鼓风机挡位要求传递给空调控制模块，鼓风机电动机控制模块是HVAC控制模块和鼓风机电动机之间的接口。鼓风机电动机控制模块有4条电路：B+输入电路、接自HVAC控制模块的信号输入电路、至鼓风机电动机的B+输出电路和低电平侧脉宽调制（PWM）输出电路。HVAC控制模块向鼓风机电动机控制模块提供低电平侧脉宽调制信号以改变鼓风机电动机转速。鼓风机电动机控制模块利用低电平侧脉宽调制信号向鼓风机电动机提供搭铁，以改变鼓风机电动机转速。

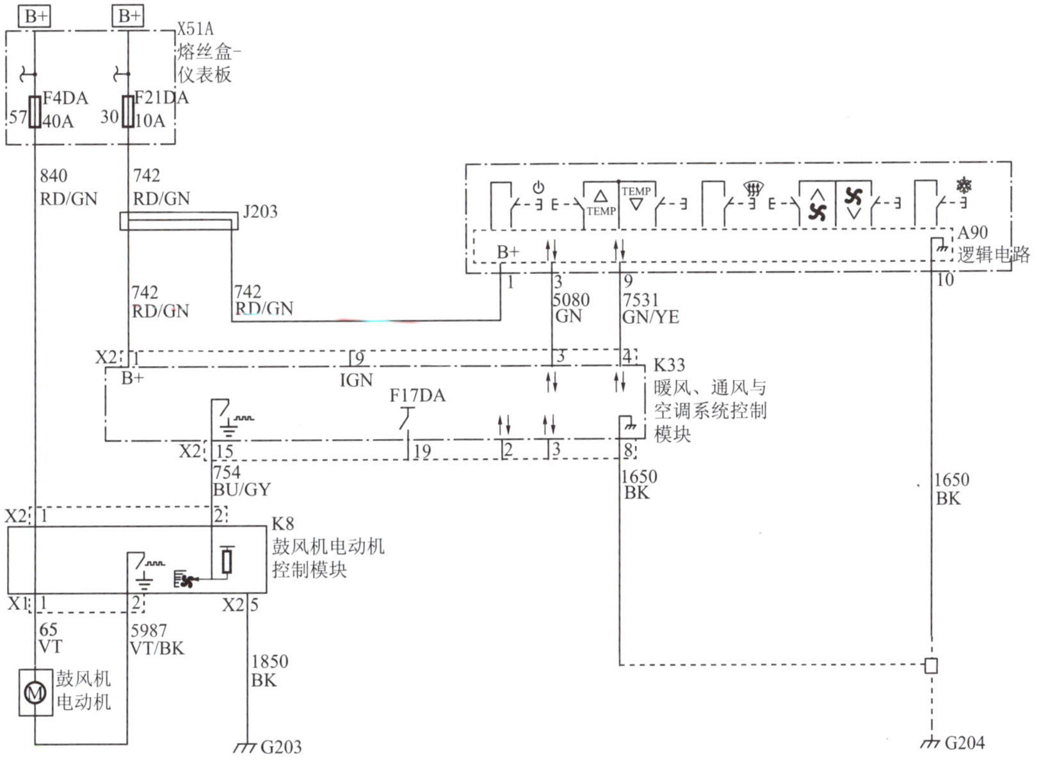

图5-13　别克威朗空调鼓风机控制电路图

三、模块实践

（一）实践方案

1. 质量要求

参照厂家的质量标准要求，根据维修手册准确、规范地进行操作，注意保持空调制冷系统循环管路内的清洁。

2. 作业准备

（1）设备器材

别克威朗汽车一辆、万用表、车内外三件套各一套、常用工具、工具车、零件车、标保工具车、垃圾桶等。

（2）场地设施

理实一体化教室、废气排放装置、消防设施等。

（3）耗材

干净抹布。

（二）操作步骤

① 将点火开关置于OFF（关闭）位置，并关闭所有车辆系统，断开K8鼓风机电动机控制模块的X2线束连接器。测试搭铁电路端子6和搭铁之间的电阻，应小于10 Ω。

② 将点火开关置于ON（打开） 位置。确认B+电路端子和搭铁之间的试灯点亮。如果试灯未点亮，则检查F4DA熔丝和端对端电阻，应小于2 Ω。

③ 断开M8鼓风机电动机处的线束连接器，再将点火开关置于ON（打开）位置并打开鼓风机，确认B+电路和搭铁之间的试灯点亮。如果试灯未点亮，则检查端对端电阻，应小于2 Ω。

④ 在控制电路和B+电路之间连接一个试灯。确认试灯随着鼓风机转速升高逐渐变亮；随着鼓风机转速降低逐渐变暗。如果试灯未亮，则检查端对端电阻，应小于2 Ω。

⑤ 如果试灯亮度不变化，则说明鼓风机损坏。

四、巩固练习

1. 判断题

（1）鼓风机的控制电路主要有两种形式即调速电阻式和调速电流式。 （ ）

（2）调速电阻式鼓风机控制电路通过改变鼓风机开关与调速电阻的接通方式可使鼓风机以4种不同的转速工作。 （ ）

（3）鼓风机工作电路分析：鼓风机处于1挡时，没有电流流经鼓风机电动机，电动机不转。 （ ）

（4）鼓风机电动机由蓄电池电压经HTR继电器供电，电流经过鼓风机调速电阻后改变大小，电动机可以形成4种不同的转速。 （ ）

（5）蒸发器温度传感器是鼓风机内部的自身元件。 （ ）

2. 选择题

（1）鼓风机转速的调节主要是通过改变串联在鼓风机电路中的（ ）来实现的。

A. 电容　　B. 二极管　　C. 电阻　　D. 三极管

（2）汽车空调系统的鼓风机调速电阻一般安装在（ ）。

A. 乘容舱内　　B. 仪表盘下面

C. 空调控制模块内部　　D. 鼓风机总成上

（3）空调控制单元向调速控制器发送占空比信号，以改变鼓风机的（ ），从而改变鼓风机转速。

A. 工作电压　　B. 工作电流　　C. 散热速度　　D. 信号传递

（4）PWM占空比信号越（ ），鼓风机转速越（ ）；反之，鼓风机转速越（ ）。

A. 大、高、低　　B. 小、高、低

C. 大、低、高　　D. 以上都不对

3. 简答题

（1）简述调速电阻式鼓风机控制电路工作原理及电流路径。

（2）简述鼓风机控制电路的检修方法。

五、学习评价

鼓风机控制电路检修

学生姓名：
作业时间：

序号	项目	评分项目	评价标准	分值	学生自评	学生互评	教师评价
1	电路检测	检测鼓风机控制模块搭铁电路	能判断该电路是否发生断路或者短路	15			
		检测鼓风机控制模块电源电路	能判断该电路是否发生断路或者短路	25			
		检测鼓风机电源电路	能判断该电路是否发生断路或者短路	25			
		检测鼓风机控制电路	检测方法正确，并能判断该电路是否发生断路或者短路	25			
2	素养要求	按文明生产规则进行操作、及时清理工具和工作现场、执行6S管理		10			
得分				100			

知识迁移与拓展

1. 蒸发器的作用

蒸发器是一个热交换器，膨胀阀喷出的雾状制冷剂在蒸发器中蒸发，鼓风机的风扇旋转将空气吹过蒸发器，制冷剂吸收空气中的热量，达到降温制冷的目的。在降温的同时，空气中的水分也会由于温度降低而凝结在蒸发器散热片上，蒸发器还要将凝结的水分排出车外。蒸发器安装在驾驶室仪表台的后面。

2. 蒸发器的类型

蒸发器分为管带式蒸发器和层叠式蒸发器。

（1）管带式蒸发器

管带式蒸发器由管子和散热片组成（见图5-14），在蒸发器的下方还有接水盘和排水管。

（2）层叠式蒸发器

层叠式蒸发器是在管带式蒸发器的基础上发展起来的，由两片冲成复杂形状的铝板叠在一起形成小水滴直径的矩形制冷剂通道，并在每两个铝板之间放置波纹型百叶窗翅片，然后一层层叠置起来（见图5-15）。

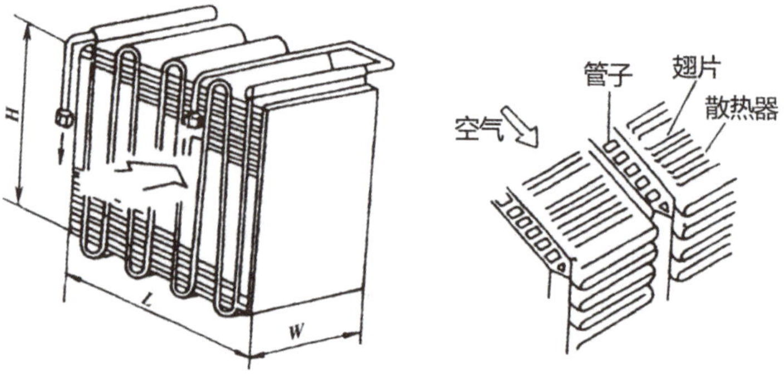

图5-14　管带式蒸发器

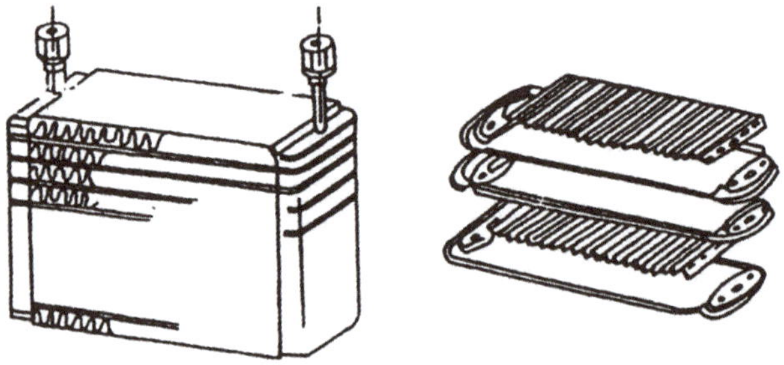

图5-15　层叠式蒸发器

3. 蒸发器的常见故障

由于蒸发器位于驾驶室仪表台的后面，所以一般通过空调工作情况判断蒸发器是否存在故障。如果蒸发器出现故障，可能会导致空调运行时带有发霉味道、制冷能力下降或完全不制冷。蒸发器损坏可能由以下原因引起：蒸发器被污染、制冷剂中含有杂质或水分导致蒸发器堵塞以及蒸发器管路泄漏等。

项目六

空调不制冷故障检修

项目描述

- 空调不制冷故障检修
  - 故障描述
  - 故障分析
  - 项目模块
    - 模块一　空调压缩机检修
      - 压缩机的种类、组成和工作原理
      - 压缩机控制电路
      - 压缩机控制电路检测
    - 模块二　蒸发器温度传感器检测
      - 蒸发器温度传感器工作原理
      - 蒸发器温度传感器电路检测
    - 模块三　压力传感器检测
      - 压力传感器工作原理
      - 压力传感器电路检测
    - 模块四　环境温度传感器检测
      - 环境温度传感器工作原理
      - 环境温度传感器电路检测

故障描述

夏天刚至，一辆2016年威朗1.6排量轿车来店维修。车主反映空调不制冷。经检查，发现当按下A/C开关后，压缩机不能正常吸合，空调无制冷效果，鼓风机工作正常，出风口风量正常。经询问，这是车主今年夏天第一次使用空调。

故障分析

经检查，确认在A/C开关按下后，鼓风机工作正常、压缩机电磁离合器不吸合、冷凝器风扇工作正常，无制冷效果，可以确认故障现象为空调压缩机不吸合故障。由于压缩机电磁离合器不吸合故障原因有很多种，所以需要对空调系统做进一步排查，以确认故障故障原因。本项目围绕制空调压缩机不吸合故障检修进行四个模块的讲授，即空调压缩机检修、蒸发器温度传感器检测、压力传感器检测、环境温度传感器检测。

项目模块

模块一　空调压缩机检修

一、学习目标

1. 知识目标

（1）能叙述压缩机的种类。

（2）能阐述不同压缩机的组成和工作原理。

（3）能阐述简单压缩机故障原因。

（4）能阐述压缩机的控制方式。

2. 技能目标

（1）能识读压缩机控制电路。

（2）能对压缩机控制电路进行检测。

3. 素养目标

（1）能在进行压缩机检测前，对客户车辆做好各种防护保护措施。

（2）读取数据值时，能做到认真细心、严谨细致、实事求是。

（3）能对客户认真、耐心解释数据内容和故障原因。

（4）能按文明生产规则进行空调系统维护，及时清理工作现场，进行6S管理。

（5）通过对国产自主品牌新能源汽车相关知识的学习学生能认同我国汽车产业技术发展，增强技术自信。

二、知识准备

1. 压缩机的类型

空调压缩机（简称“压缩机”）是汽车空调制冷系统的心脏，起着压缩和输送制冷剂蒸气的作用。不同车型上所采用的压缩机有所不同，具体分为以下几种：

（1）按工作容积分类

空调压缩机按照工作容积分为定排量压缩机和变排量压缩机。

定排量压缩机的排气量是随着发动机的转速的提高而成比例提高的，它不能根据制冷的需求而自动改变功率输出，而且对发动机油耗的影响比较大。

变排量压缩机可以根据设定的温度自动调节功率输出。在制冷的全过程中，压缩机始终是工作的，制冷强度的调节完全依赖装在压缩机内部的压力调节阀来控制。

（2）按工作方式分类

空调压缩机按照工作方式分为往复式压缩机和旋转式压缩机。

往复式压缩机包括：摆盘式压缩机、斜盘式压缩机、曲柄连杆式压缩机（见图6-1）。下面以最常见到的斜盘式压缩机为例进行介绍。

2. 斜盘式压缩机

（1）斜盘式压缩机的组成

以别克威朗轿车为例，该车使用的空调压缩机是连续可变排量型斜盘式压缩机，它的排量可以根据空调的制冷负荷进行调节。该压缩机由调节阀、斜盘、活塞、压盘、胶带轮、线束插头和橡胶成形元件等组成，如图6-2所示。

（a）摆盘式压缩机

（b）斜盘式压缩机

（c）曲柄连杆式压缩机

图6-1　往复式压缩机

（2）斜盘式压缩机的工作原理

斜盘与压缩机主轴固定在一起，斜盘的边缘装合在活塞中部的槽中，活塞槽与斜板边缘通过钢球轴承支承在一起（见图6-3）。当主轴旋转时，斜盘也随着旋转，斜盘边缘推动活塞做轴向往复运动。如果斜盘转动一周，前后两个活塞各完成压缩、排气、吸气一个循环，相当于两个气缸作用。

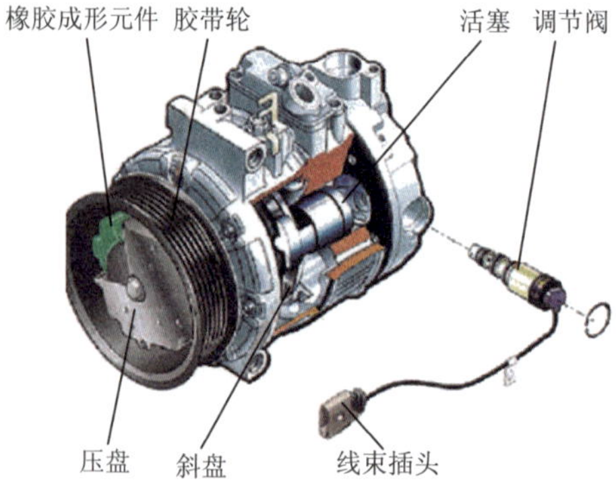

图6-2　斜盘式压缩机的组成

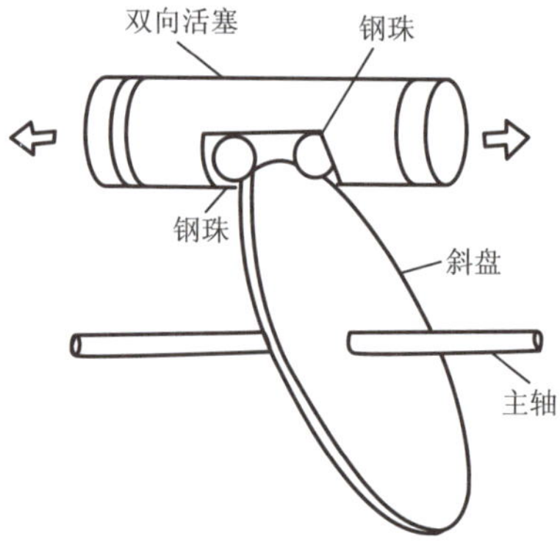

图6-3　斜盘式压缩机工作原理

3. 压缩机电磁离合器

压缩机电磁离合器（简称“电磁离合器”）是汽车发动机和汽车空调压缩机之间的一个动力传递装置。汽车空调压缩机是由汽车发动机通过电磁离合器来驱动的。

（1）电磁离合器的结构

电磁离合器一般都是由定子、带轮和压力板3部分组成的，如图6-4所示。

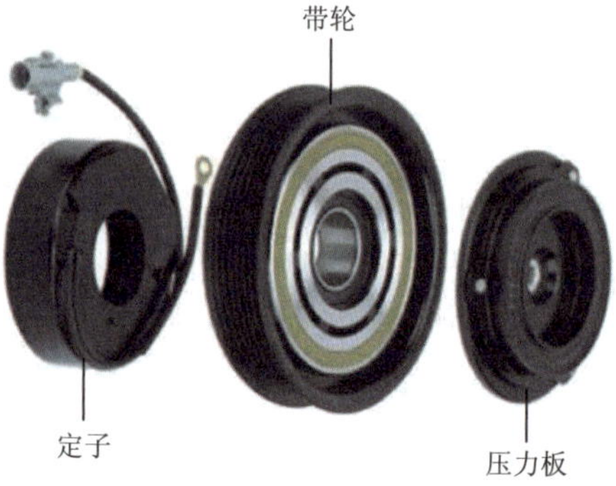

图6-4　电磁离合器的结构

（2）电磁离合器的工作原理

电磁离合器受空调开关、温控器、空调放大器、压力开关等控制，在需要的时候接通或切断发动机与压缩机之间的动力传递。另外，当压缩机过载时，它还能起到一定的保护作用。

电磁线圈固定在压缩机的外壳上，驱动盘与压缩机的主轴相连接，带轮通过轴承安装在压缩机头盖上，可以自由转动。当空调开关接通时，电流通过电磁离合器的电磁线圈，电磁线圈产生电磁吸力，使压缩机的驱动盘与带轮结合，将发动机的扭矩传递给压缩机主轴，使压缩机主轴旋转。当断开空调开关时，电磁线圈的吸力消失，在弹簧片作用下驱动盘和带轮脱离，压缩机停止工作。

4. 压缩机常见故障

压缩机作为高速旋转的工作部件，出现故障的概率比较高。常见的故障有异响、泄漏以及不工作等。

（1）异响

引起压缩机异响的原因很多，例如电磁离合器损坏或压缩机内部磨损严重等均可产生异响。

① 电磁离合器是出现异响的常见部位。压缩机经常在高负荷下从低速到高速变速运转，所以对电磁离合器的要求很高，而且电磁离合器的安装位置一般离地面较近，经常会接触到雨水和泥土，当电磁离合器内的轴承损坏时就会产生异响。

② 除了电磁离合器自身的问题，压缩机传动带的松紧度也直接影响着电磁离合器的寿命。传动带过松，电磁离合器就容易出现打滑；传动带过紧，电磁离合器上的负荷就会增加。传动带松紧度不当时，轻则会引起压缩机不工作，重则会引起压缩机损坏。当传动带工作时，如果压缩机带轮以及发电机带轮不在同一个平面内，就会降低传动带或压缩机的寿命。

③ 电磁离合器的反复吸合也会造成压缩机出现异响。例如，发电机的发电量不足，空调系统压力过高，或者发动机负荷过大，这些都会造成电磁离合器的反复吸合。

④ 电磁离合器与压缩机安装面之间应该有一定的间隙，如果间隙过大，那么冲击也会增大；如果间隙过小，电磁离合器工作时就会与压缩机安装面之间产生运动干涉，这也是产生异响的一个常见原因。

⑤ 压缩机工作时需要可靠的润滑。当压缩机缺少润滑油，或者润滑油使用不当时，压缩机内部就会产生严重异响，甚至造成压缩机的磨损报废。

（2）泄漏

制冷剂泄漏是空调系统的最常见问题，泄漏的部位通常在压缩机与高低压管的接合处。此处通常因为安装位置的原因，检查起来比较麻烦。空调系统内部压力很高，当制冷剂泄漏时，压缩机润滑油会随之损失，这会导致空调系统不工作或压缩机的润滑不良。空调压缩机上都有泄压保护阀，泄压保护阀通常是一次性使用，在系统压力过高进行泄压后，应该及时更换泄压保护阀。

（3）不工作

压缩机不工作的原因有很多，通常是因为相关电路的问题。可以通过给电磁离合器直接供电的方式初步检查压缩机是否损坏。

三、模块实践

（一）实践方案

1. 质量要求

参照厂家的质量标准要求，根据维修手册准确、规范地进行操作。

2. 作业准备

（1）设备器材

别克威朗汽车一辆、万用表、车内外三件套各一套、常用工具、工具车、零件车、标保工具车、垃圾桶等。

（2）场地设施

理实一体化教室、废气排放装置、消防设施等。

（3）耗材

干净抹布。

（二）操作步骤

1. 启动压缩机的条件

启动压缩机必须满足以下条件：

① 蓄电池电压介于9～18 V之间。

② 发动机冷却液温度低于124 ℃（255 ℉）。

③ 发动机转速大于600 r/min。

④ 发动机转速小于5 500 r/min。

⑤ 空调高压侧压力在269～2 929 kPa之间。

⑥ 节气门位置小于100%。

⑦ 蒸发器温度高于3 ℃（38 ℉）。

⑧ 发动机控制模块没有检测到扭矩负载过大。

⑨ 发动机控制模块没有检测到怠速不良。

⑩ 环境温度传感器感应到温度高于1 ℃（34 ℉）。

⑪ 鼓风机电动机运转。

一旦满足上述条件，发动机控制ECU发送指令，KR29空调压缩机电磁离合器继电器接合，压缩机工作。压缩机控制电路如图6-5所示。

2. 压缩机控制电路检测

① 将点火开关置于OFF位置，断开KR29 空调压缩机离合器继电器，再将点火开关置于ON打开位置。

② 在B+电路端子30和搭铁之间连接试灯，试灯应点亮。如果未点亮则检查熔丝是否损

坏。如果熔丝未损坏，则检查该线路断路故障；如果熔丝损坏，则检查该线路短路故障。

③ 将点火开关置于ON位置。在端子85和搭铁之间连接试灯，试灯应该点亮。如未点亮，则检查该线路断路或短路故障。

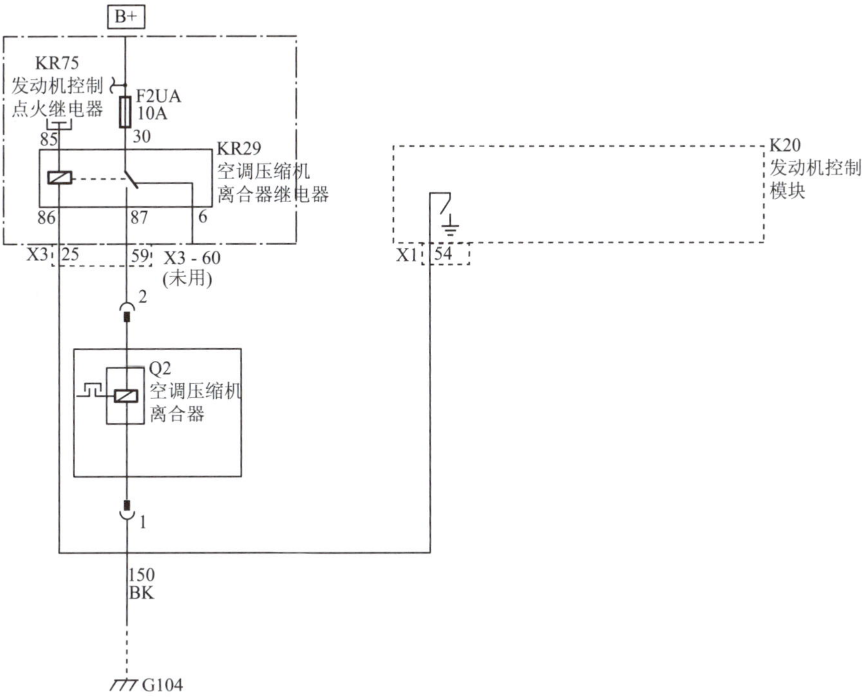

图6-5　压缩机控制电路

④ 在点火电路端子85和控制电路端子86之间连接一个试灯。当用故障诊断仪指令ECM A/C Compressor Clutch Relay（发动机控制模块空调压缩机离合器继电器）打开和关闭时，试灯应点亮和熄灭。如果试灯未点亮或常亮，则检测该线路断路或短路故障。

⑤ 在控制电路端子87和搭铁之间连接试灯，试灯应该常灭。如试灯点亮，则修理该线路对电压短路故障。

⑥ 将点火开关置于OFF位置，并关闭所有车辆系统，断开Q2空调压缩机离合器的线束连接器。测试搭铁电路端子A和搭铁之间的电阻，应小于10 Ω，否则检查该线路断路故障。压缩机离合器继电器电路如图6-6所示。

⑦ 将点火开关置于ON位置，在B+电路端子30和控制电路端子87之间连接跨接线。此时Q2空调压缩机离合器应直接吸合。如果未吸合，则检查该线路是否断路或短路。

⑧ 测试空调继电器端子85和86之间的电阻是否在60～180 Ω之间（见图6-7），否则更换继电器。

⑨ 在端子85和12 V电压之间安装一条跨接线，在端子86和搭铁之间安装一条跨接线（见图6-8）。测试端子30和87之间的电阻是否小于2 Ω，否则更换继电器。

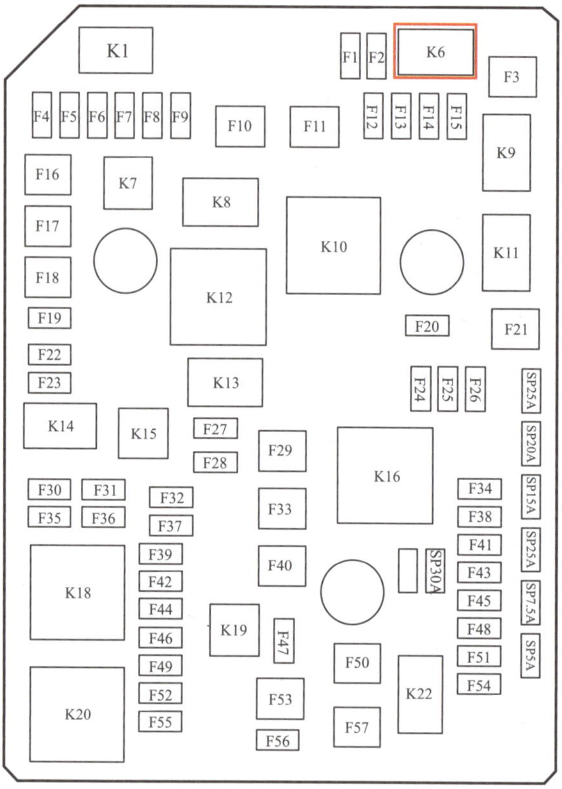

图6-6 压缩机离合器继电器电路

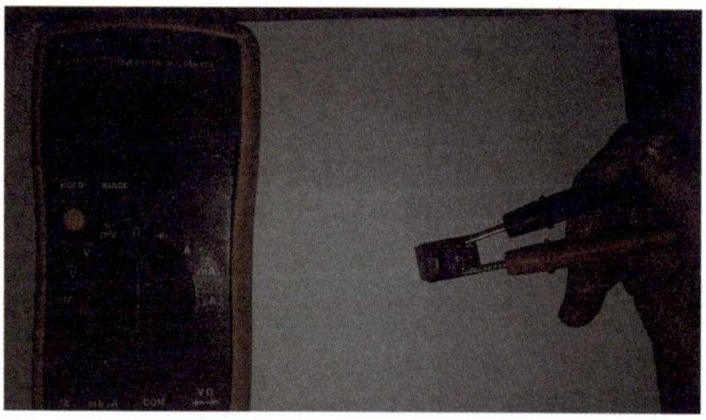

图6-7 测试空调继电器端子85和86之间的电阻

图6-8 安装跨接线

⑩ 将点火开关置于OFF位置，断开Q46空调压缩机电磁阀的线束连接器（见图6-9），再将点火开关置于ON位置。

图6-9　断开线束连接器

⑪ 在B+电路端子2和搭铁之间连接试灯（见图6-10），试灯应点亮。如果试灯没有点亮，则检查该电路是否有断路或短路故障。

图6-10　连接试灯

⑫ 将点火开关置于ON位置，在控制端子1和B+电路端子2之间连接一个试灯，当用故障诊断仪指令空调压缩机制冷剂电磁阀接通和断开时（见图6-11），确认试灯点亮和熄灭。如果试灯未点亮或始终点亮，则检查该电路的断路或短路故障。

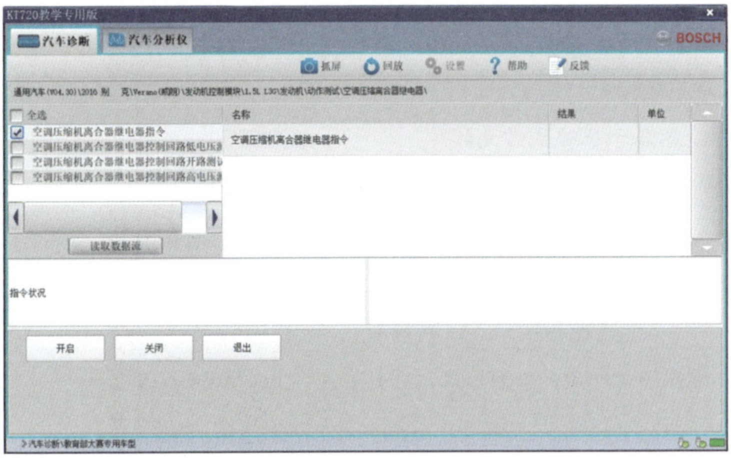

图6-11　用故障诊断仪诊断

⑬ 将点火开关置于OFF位置，断开Q46空调压缩机电磁阀的线束连接器。测试B+电路端子2和控制端子1之间的电阻是否为7～15 Ω。如果不在范围内，则更换压缩机。

⑭ 测试各端子和Q46空调压缩机电磁阀壳体/箱之间的电阻是否为无穷大，如果不为无穷大，则更换压缩机。

四、巩固练习

1. 判断题

（1）空调压缩机的电磁离合器线圈两端并联的二极管是为了防止线圈极性接反。（　　）

（2）电磁离合器如安装时间隙过大，在运行时会发出噪声。（　　）

（3）如果制冷系统内有水分，则将造成系统间歇制冷。（　　）

（4）汽车空调压缩机是汽车空调制冷系统的心脏，起着压缩和输送制冷剂蒸气的作用。（　　）

（5）往复式压缩机包括：摆盘式压缩机、旋叶式压缩机、曲柄连杆式压缩机。（　　）

2. 选择题

（1）（　　）不属于往复式压缩机。

A. 摆盘式压缩机　　B. 斜盘式压缩机

C. 涡旋式压缩机　　D. 曲柄连杆式压缩机

（2）（　　）属于旋转式压缩机。

A. 摆盘式压缩机　　B. 斜盘式压缩机

C. 涡旋式压缩机　　D. 曲柄连杆式压缩机

（3）安装压缩机时，放油螺栓和垫圈（　　）重复使用。

A. 能　　B. 不能

（4）汽车空调控制器能在车内温度降至规定值时，自动切断压缩机电磁离合器使之不能工作，压缩机电磁离合器工作受（　　）的影响。

A. 蒸发器温度传感器　　B. 制冷剂多少

C. 制冷剂流量　　D. 温度调节开关

（5）（　　）不属于压缩机常见故障。

A. 堵塞　　B. 异响　　C. 泄漏　　D. 不工作

3. 问答题

（1）空调压缩机按照工作容积分为________压缩机和________压缩机。空调压缩机按照工作方式分为________压缩机和________压缩机。

（2）简述空调压缩机电磁离合器检修过程。在20 ℃时的标准阻值应为________Ω。

五、学习评价

空调压缩机检修

学生姓名：
作业时间：

序号	项目	评分项目	评价标准	分值	学生自评	学生互评	教师评价
1	电路检测	拆卸压缩机离合器继电器	拆卸离合器前需先断开蓄电池负极	5			
		检测继电器座上30号端子的电源电路	能判断该电路断路或短路故障	15			
		检测继电器座上85号端子的搭铁电路	能判断该电路断路或短路故障	15			
		检测继电器座上86号端子的控制电路	检测方法正确，并能判断该电路断路或短路故障	15			
		断开压缩机电磁离合器线束连接器，并检测搭铁电路	能判断该电路断路或短路故障	15			
		检测电磁离合器电源电路	能判断该电路断路或短路故障	15			
		检测电磁离合器继电器	能正确检测电磁离合器继电器，并判断继电器是否正常	5			
		检测压缩机电磁离合器	正确检测压缩机电磁离合器，并能判断电磁离合器是否正常	5			
2	素养要求	按文明生产规则进行操作、及时清理工具和工作现场、执行6S管理		10			
项目得分				100			

模块二　蒸发器温度传感器检测

一、学习目标

1. 知识目标

（1）能阐述蒸发箱温度传感器的作用。

（2）能叙述蒸发箱温度传感器的工作原理。

2. 技能目标

（1）能识读蒸发箱温度传感器电路图。

（2）能对蒸发箱温度传感器及其电路进行检测。

3. 素养目标：

（1）能在进行蒸发箱温度传感器检测前，对客户车辆做好各种防护保护措施。

（2）在进行电路测量时，能做到认真细心、严谨细致、实事求是。

（3）能对客户认真、耐心解释数据内容和故障原因。

（4）能按文明生产规则进行空调系统维护，及时清理工作现场，进行6S管理。

二、知识准备

1. 蒸发器温度传感器的功用

蒸发器温度传感器又称恒温器、温度开关，它是汽车空调系统中温度控制部件，感受的温度有蒸发器表面温度、车内温度、大气温度等。一般所指的恒温器是感受蒸发器表面温度从而控制制冷系统中压缩机的开与停，起到调节车内温度及防止蒸发器结霜的电气开关装置。检测大气温度和车厢内温度时，一般用空气混合调节风门控制，由风门开度的大小调节车厢内的温度。恒温器更多地用于制冷系统中控制电磁离合器的通断。此时，恒温器被放置在蒸发器内或靠近蒸发器的冷气控制板上。当蒸发器表面温度或车厢内温度低于设置温度时，恒温器断开，电磁离合器分离，压缩机停止工作；反之，电磁离合器吸合，压缩机开始工作，由此可防止蒸发器表面结霜，也调节了车厢内的温度。

2. 蒸发器温度传感器的工作原理

蒸发器温度传感器，即恒温器有3种形式，即波纹管式、双金属片式和热敏电阻式。

（1）波纹管式

波纹管式恒温器由感温驱动机构、温度设定机构和触点3部分组成。

感温驱动机构结构如图6-12所示。

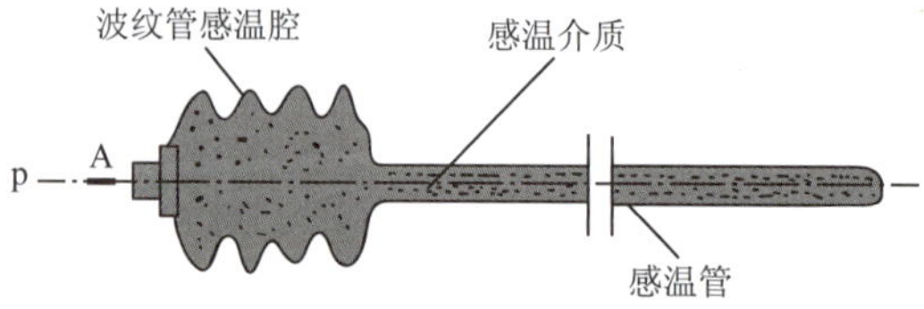

图6-12 感温驱动机构结构

感温驱动机构本身是由波纹管、毛细管和感温包组成的封闭系统，内部装有感温介质。感温包作为传感器放置在被测部位，温度的变化使得波纹管内压力发生变化，导致波纹管伸长或缩短，并将此位移信号通过顶端作用点A传递出去。在弹簧力的作用下，A点的位移与感温介质压力变化成线性关系。

温度设定机构主要由凸轮、调节螺钉和调节弹簧等组成。其功能是使恒温器在一定温度范围内的任一设定温度起控制作用。温度的设定主要是通过调节凸轮改变主弹簧对波纹管内作用力的大小来决定，它的外部调节有刻度盘、控制杆和旋具调节等形式。当主弹簧被拉紧时，感温包内要有比较高的温度才能使触点闭合，即车厢内温度较高。恒温器内的另一个弹簧用于调节触点断开时的温度范围，此范围通常是4 ~ 6 ℃，这样为蒸发器除霜提供了足够的时间。

触点开闭机构主要由固定和活动触点、弹簧、杠杆等组成。通过触点的开闭，控制压缩机上电磁离合器电路的通断。

波纹管式恒温器的工作原理：图6-13中触点处于断开位置，压缩机也处于停止状态。当蒸发器表面温度逐渐升高时，感温包内温度也随着升高，同时压力增高使波纹管伸长。波纹管与摆动框架相连，框架上装有一动触点，而恒温器壳体上有一静触点。波纹管的伸长使得触点闭合，电磁离合器电路被接通，压缩机工作；反之，温度下降后压缩机停止工作。

波纹管式恒温器的特点是工作可靠、价格低廉、安装方便。但在使用中要注意，毛细管不能弯成直角。另外，如果毛细管发生泄漏，应更换整个恒温器。

（2）双金属片式

双金属片式恒温器由两种不同材料的金属片组成，两金属片的热膨胀系数相差较大。在双金属片的端部有一动触点，而在壳体上有一静触点。这种恒温器没有毛细管和感温包，直接靠空气流过其表面感受温度而工作。它的温度设定方法与波纹管式恒温器相同。

双金属片式恒温器的工作原理：

如图6-14所示，在设定温度范围内，双金属片平伸，两触点闭合。此时，电磁离合器电路接通，压缩机工作。当流过恒温器的空气温度低于所设定温度时，由于两种金属片的热膨胀系数不同，热膨胀系数大的金属片收缩多，这样就造成了双金属片弯曲，触点断开，电磁离合器分离，压缩机停止工作。当温度上升后，金属片受热后逐渐平伸，触点又闭合，从而接通电路。如此反复，达到控温的目的。

双金属片式恒温器的特点是结构简单、不宜损坏且价格便宜。但作为直接感受温度的部件，必须整体放置在蒸发器内，因此，为安装带来了不便。也正是这个原因，波纹管式恒温器的应用要比双金属片式恒温器广泛。

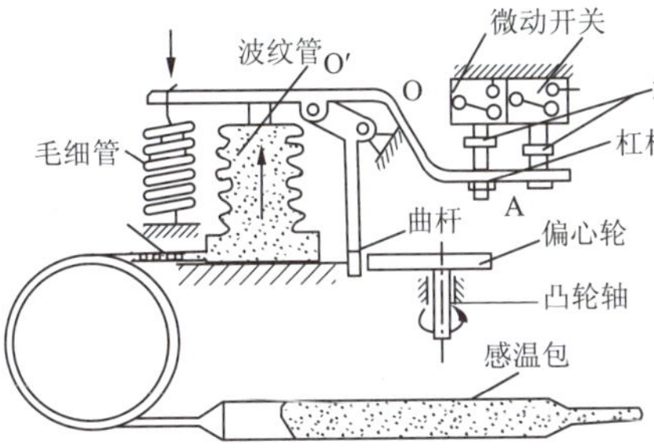

图6-13　波纹管式恒温器

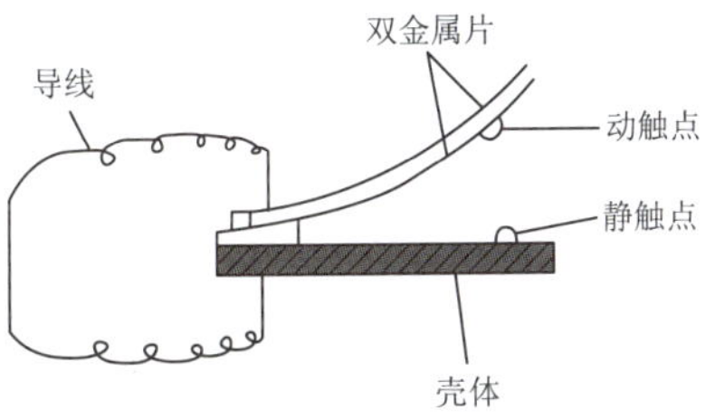

图6-14　双金属片式恒温器

（3）热敏电阻式

热敏电阻式恒温器核心为热敏电阻，通过两根导线将温度信号连接至空调控制模块。

热敏电阻式恒温器的工作原理：通过热敏电阻式温度传感器感应温度，并根据其特性将温度值同步转换成变化电阻值，从而改变通过电压值。空调控制模块检测电压值，判断蒸发器温度低时并控制电磁离合器分离，压缩机停止工作；当温度上升后，重新接通电路，控制电磁离合器接合，压缩机继续工作，如此反复，达到控制蒸发器温度的目的。

热敏电阻式恒温器的特点是结构简单、控制灵敏、温控极为精准，且安装贴合蒸发器表面，安装极为容易，是目前市面上使用最为广泛的恒温器。

三、模块实践

（一）实践方案

1. 质量要求

参照厂家的质量标准要求，根据维修手册准确、规范地进行操作，注意保持空调制冷系统循环管路内的清洁。

2. 作业准备

（1）设备器材

别克威朗汽车一辆、车内外三件套各一套、常用工具、工具车、零件车、标保工具车、垃圾桶等。

（2）场地设施

理实一体化教室、废气排放装置、消防设施等。

（3）耗材

干净抹布。

（二）操作步骤

空调蒸发器温度传感器使用信号低电平电压电路运行。当传感器周围的空气温度升高时，传感器电阻降低。传感器能够读取-40～+80 ℃（-40～+176 ℉）的温度范围，信号电压为0～5 V。如果HVAC控制模块检测到故障传感器，软件可能会使用默认的空气温度值，并停用压缩机。传感器信号电压在规定的0.1～4.9 V范围内。

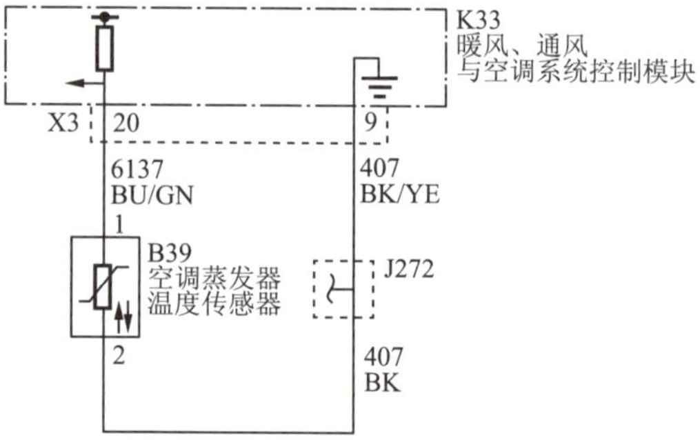

图6-15　空调蒸发器温度传感器电路

蒸发器温度传感器电路如图6-15所示，安装位置如图6-16所示。

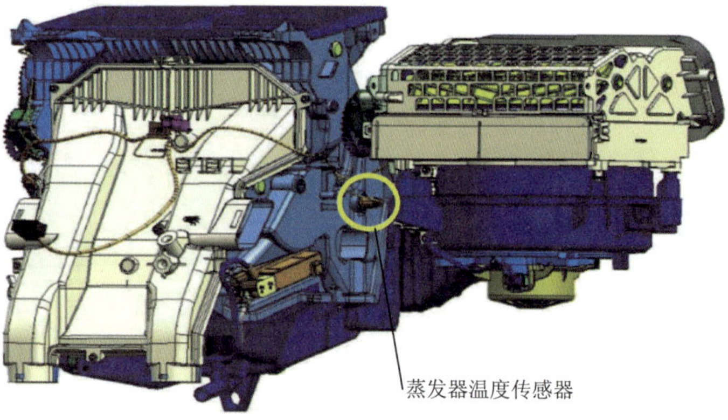

图6-16　蒸发器温度传感器安装位置

蒸发器温度传感器检测步骤如下：

① 将点火开关置于OFF位置并且关闭所有车辆系统，断开B39空调蒸发器温度传感器。

② 测试低电平参考电压电路端子B和搭铁之间的电阻是否小于10 Ω。如果等于或大于10 Ω，则测试低电平参考电压电路的端到端电阻。

③ 将点火开关置于ON（打开）位置。测试信号电路端子1和搭铁之间的电压是否为4.8 ~ 5.2 V。否则，测试线路是否有断路或短路故障。

④ 如果线路完好，则说明传感器损坏。

四、巩固练习

1. 判断题

（1）蒸发器温度传感器，又称恒温器、温度开关，它是汽车空调系统中温度控制部件，感受的温度有蒸发器表面温度、车内温度、大气温度等。 （ ）

（2）恒温器有3种形式，即波纹管式、铜片式和热敏电阻式。 （ ）

（3）汽车空调电磁离合器是汽车发动机和汽车空调压缩机之间的一个动力传递装置。 （ ）

（4）蒸发器温度传感器电阻与流过蒸发器的冷却空气温度无关。 （ ）

（5）在对蒸发器温度传感器检修时，如果电阻不符合规定，则更换蒸发器温度传感器。 （ ）

2. 选择题

（1）汽车空调自动控制系统中使用不同类型的传感器，下列传感器不同于其他的是（ ）。

A. 车内温度传感器　　B. 环境温度传感器

C. 蒸发器温度传感器　　D. 日光传感器

（2）蒸发器内液体满溢与液体不足哪种情况更糟？甲说：“蒸发器内液体不足更糟，因为它导致制冷不足和高压段过热”；乙说：“蒸发器内液体满溢更糟，因为它导致制冷不足并使液体撞击压缩机”，则（ ）。

A. 甲正确　　B. 乙正确　　C. 两人均正确　　D. 两人均不正确

（3）空调系统工作时，若蒸发器内制冷剂不足，离开蒸发器的制冷剂会是（ ）。

A. 高于正常压力，温度较低　　B. 低于正常压力，温度较高

C. 高于正常压力，温度较高　　D. 低于正常压力，温度较低

（4）蒸发器温度传感器能够读取（ ）的温度范围，（ ）之间的信号电压。

A. −40 ~ +80 ℃，0~5 V　　B. −20 ~ +60 ℃，0~5 V

C. −40 ~ +80 ℃，5~10 V　　D. −20 ~ +60 ℃，5~10 V

3. 简答题

（1）简述波纹管式恒温器的工作原理。

（2）简述空调蒸发器温度开关的检修、调整步骤。

五、学习评价

蒸发器温度传感器检测

学生姓名：
作业时间：

序号	项目	评分项目	评价标准	分值	学生自评	学生互评	教师评价
1	电路检测	断开蒸发器温度传感器	断开传感器前需关闭点火开关	10			
		检测低电平参考电路	能判断该电路断路或短路故障	20			
		测试信号电路	能判断该电路断路或短路故障	20			
		检测蒸发器温度传感器	能正确检测蒸发器温度传感器，并判断该传感器是否正常	20			
		安装蒸发器温度传感器	能正确安装蒸发器温度传感器	20			
2	素养要求	按文明生产规则进行操作、及时清理工具和工作现场、执行6S管理		10			
项目得分				100			

模块三 压力传感器检测

一、学习目标

1. 知识目标

（1）能叙述压力传感器的作用。

（2）能阐述压力传感器的工作原理。

2. 技能目标

（1）能识读压力传感器电路。

（2）能检测压力传感器及其线路。

3. 素养目标：

（1）能在进行压力传感器检测前，对客户车辆做好各种防护保护措施。

（2）在进行电路测量时，能做到认真细心、严谨细致、实事求是。

（3）能对客户认真、耐心解释数据内容和故障原因。

（4）能按文明生产规则进行空调系统维护，及时清理工作现场，进行6S管理。

二、知识准备

1. 压力传感器的功用与分类

压力控制组件可分为两类，一类是通断型，又称压力开关，即对于所设定的压力执行通或断的指令，如高、低压开关等；另一类是调节型，又称压力调节器，即对于所设定的压力执行的是一个调节过程。在蒸发器压力控制系统中，常常用到压力调节装置调节蒸发器压力，以防止其表面结冰。同时，调节装置中都有一个旁通管路，可保证少量制冷剂及冷冻润滑油的不断循环。用于汽车空调系统的压力调节器有蒸发压力调节器（EPR）、导阀控制吸气节流阀（POA）、组合阀（VIR）等。下面主要介绍压力开关。

压力开关属于保护元件，是一种随压力变化而断开或闭合触点的元件，又称压力继电器。它由压力引入装置、动力器件和触点等组成，在系统中感受着制冷剂压力的变化。当系统中压力过高或过低时压力开关起作用，控制系统在异常压力情况下工作，起到保护作用。

（1）高压压力开关

高压压力开关安装在压缩机至冷凝器之间的高压管路上，其作用是防止系统在异常高压压力下工作。当冷凝器散热不良、散热管堵塞或风扇损坏时，导致冷凝器压力出现异常上升时，开关自动切断电磁离合器的电路，使压缩机停转，或接通冷却风扇高速挡电路，自动提高风扇转速，以降低冷凝器温度和压力。在汽车空调系统中，高压压力开关的压力控制范围一般为2.82 ~ 3.10 MPa时断开，1.03 ~ 1.73 MPa时接通。

（2）低压压力开关

低压压力开关有两种，一种安装在系统的高压回路中，防止压缩机在压力过低的情况下工作。若高压回路中压力过低，则说明缺少制冷剂，缺少制冷剂将影响润滑效果，久而久之将损坏压缩机。另一种低压压力开关设置在低压回路中，直接由吸气压力控制。当低压低于某一规定值时，接通高压旁通阀（电磁阀），让部分高压蒸气直接进入蒸发器，以达到除霜的目的。这种装置一般用于大、中型客车的空调制冷系统中。低压压力开关的压力控制范围一般为80 ~ 110 kPa时断开，230 ~ 290 kPa时接通。

（3）高、低压复合开关（三位压力开关，见图6-17）

高、低压力开关用于保护作用时，通常都安装在系统的压侧，因此，为了结构紧凑、减少接口，把高、低压力开关做成一体，形成了高、低压复合开关。这样就可以作为一体安装在储液干燥器上，起到保护作用。如上海桑塔纳2000轿车、南京依维柯客车上就采用这种开关。

图6-17　三位压力开关

三位压力开关的作用是：

① 防止因制冷剂泄漏而损坏压缩机。

② 当系统内制冷剂高压异常时，保护系统不受损坏。

③ 在正常工作状况下，冷凝器风扇低速运转，实现低噪声，节省动力；当系统内高压升高后，风扇高速运转，以改善冷凝器的散热条件，实现了风扇的二级变速。三位压力开关一般安装在储液干燥器上，感受制冷剂高压回路的压力信号。

2. 压力传感器的工作原理

（1）制冷剂压力≤0.196 MPa时，由于隔膜、碟形弹簧和上弹簧的弹力大于制冷剂的压力，因此高低压接点断开（OFF），压缩机停转，实现低压保护。

（2）当制冷剂压力达到0.2 MPa以上时，此压力高于开关的弹簧压力，弹簧会挠曲，高低压接点接通(ON)，压缩机正常运转。

（3）当制冷剂压力达到3.14 MPa以上时，会大于隔膜、碟形弹簧的弹力，碟形弹簧反转，以断开高低压接点，压缩机停转，实现高压保护。

（4）中压压力开关。当制冷剂压力大于1.77 MPa时，压力就大于隔膜弹力，隔膜会反转，将轴推上，以接通冷凝器风扇（或散热器风扇）的转速转换接点，风扇以高速运转，实现中压保护。当压力降至1.37 MPa时，隔膜恢复原状，轴下落，接点断开，冷凝风扇以低速运转。大多数车的A/C压力开关都是四根线。

三、模块实践

（一）实践方案

1. 质量要求

参照厂家的质量标准要求，根据维修手册准确、规范地进行操作，注意保持空调制冷系统循环管路内的清洁。

2. 作业准备

（1）设备器材

别克威朗汽车一辆、冷媒回收机、车内外三件套各一套、常用工具、工具车、零件车、标保工具车、垃圾桶等。

（2）场地设施

理实一体化教室、废气排放装置、消防设施等。

（3）耗材

干净抹布。

（二）操作步骤

发动机控制模块（ECM）通过空调制冷剂压力传感器来监测高压侧制冷剂压力。ECM向传感器提供5 V参考电压和低电平参考电压。空调制冷剂压力的变化将使传送至发动机控制模块的传感器信号发生变化。当压力变高时，信号电压变高；当压力变低时，信号电压变低。发动机控制模块可使用该信息开启冷却风扇以及监控离合器的接合。

压力传感器检测电路如图6-18所示，安装位置如图6-19所示。

压力传感器检测步骤如下：

① 将点火开关置于ON位置，确认故障诊断仪ECM A/C High Side Pressure Sensor（发动机控制模块空调高压侧压力传感器）参数为6.8 ～2 950 kPa。

② 将点火开关置于OFF位置并关闭所有车辆系统，断开B1空调制冷剂压力传感器处的线束连接器。

③ 测试低电平参考电压电路端子1和搭铁之间的电阻是否小于10 Ω。如果大于10 Ω，则检查端对端是否断路。

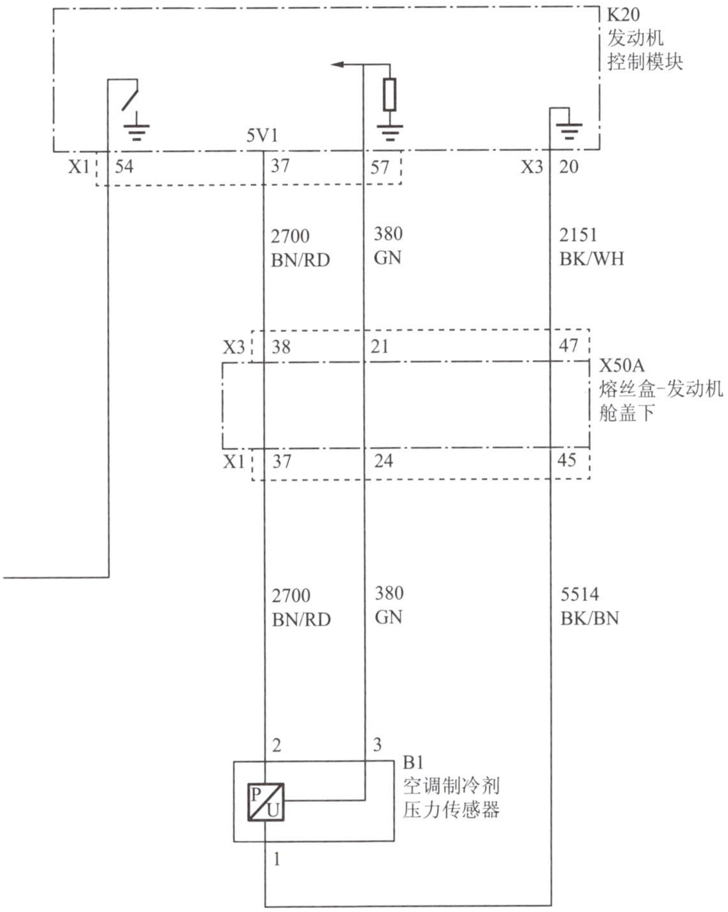

图6-18　压力传感器检测电路

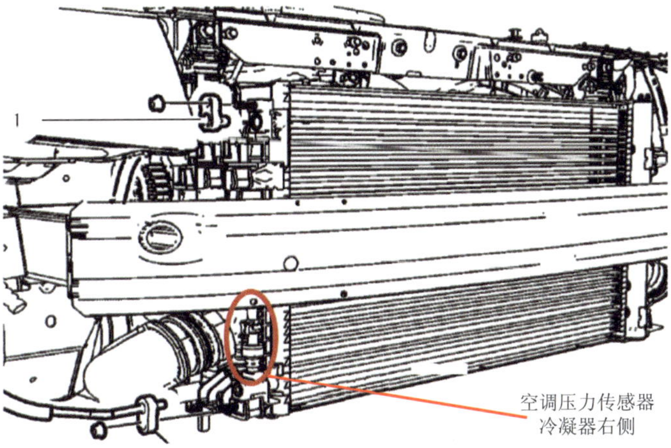

图6-19　压力传感器安装位置

④ 将点火开关置于ON位置。测试5V1参考电压电路端子2和搭铁之间的电压是否为4.8 ~ 5.2 V。如果不在数据范围内，则检查线路是否发生断路或短路。

⑤ 确认故障诊断仪ECM A/C High Side Pressure Sensor（发动机控制模块空调高压侧压力传感器）参数小于0.25 V。如果大于0.25 V，则检查线路是否与电源发生短路。

⑥ 在信号电路端子3和5V1参考电压电路端子2之间安装一根跨接线。确认故障诊断仪的ECM A/C High Side Pressure Sensor（发动机控制模块空调高压侧压力传感器）参数大于4.8 V。如果小于4.8 V，则检查线路是否与搭铁发生短路。

⑦ 如果上述数据均正常，则说明传感器损坏。

四、巩固练习

1. 判断题

（1）压力控制组件可分为两类，一类是通断型，又称压力开关；另一类是调节型，又称压力调节器。（　　）

（2）当制冷装置中制冷剂不足时，空调系统压力略有下降，压力开关会使压缩机电磁离合器不吸合。（　　）

（3）在汽车空调系统中，高压开关的压力控制范围为2.82～3.10 MPa时断开，1.03～1.73 MPa时接通。（　　）

（4）如果在空调运行期间，低压侧和高压侧的压力均低于正常范围，并且冷凝器至制冷装置的管道结霜，则说明制冷剂循环不良导致系统不能有效制冷。（　　）

（5）控制系统的作用是以对制冷和暖风系统的温度、压力进行控制。（　　）

2. 选择题

（1）在蒸发器压力控制系统中，常用到压力调节装置调节蒸发器压力，以防止其（　　）。

A. 表面过热　B. 表面结冰　C. 压力过低　D. 压力偏高

（2）测量空调系统压力时，如果低压侧压力偏低，高压侧压力正常。甲说："表明制冷剂充注不足"；乙说："表明高压侧有堵塞现象"，则（　　）。

A. 甲正确　B. 乙正确　C. 两人均正确　D. 两人均不正确

（3）有一种低压开关安装在系统的（　　）回路中，防止压缩机在压力（　　）的情况下工作。

A. 高压，过低　B. 低压，过低

C. 高压，过高　D. 低压，过高

（4）低压开关安装在高压管路上，系统正常时为闭合状态，当（　　）时为断开状态。

A. 系统压力超高　B. 系统压力波动　C. 系统制冷剂严重泄漏

（5）三位压力开关一般安装在（　　）中。

A. 低压管路　B. 高压管路　C. 压缩机　D. 蒸发器

3. 简答题

（1）简述压力开关的作用。

（2）简述空调三位开关的工作原理。

五、学习评价

压力传感器检测							
学生姓名： 作业时间：							
序号	项目	评分项目	评价标准	分值	学生自评	学生互评	教师评价
1	电路检测	用诊断仪读取压力传感器参数	正确连接诊断仪，选择车型无误	10			
		断开压力传感器线束连接器，检测低电平参考电路	能判断该电路是否发生断路或短路故障	20			
		检测5 V参考电压电路	检测方法正确，并能判断该电路是否发生断路或短路故障	20			
		检测信号电路	测量方法正确，并能判断该电路是否发生断路或短路故障	20			
		检测压力传感器	检测方法正确，并能判断该传感器是否正常	20			
2	素养要求	按文明生产规则进行操作、及时清理工具和工作现场、执行6S管理		10			
项目得分				100			

模块四　环境温度传感器检测

一、学习目标

1. 知识目标

（1）能叙述环境温度传感器的作用。

（2）能阐述环境温度传感器的工作原理。

2. 技能目标

（1）能识读环境温度传感器电路。

（2）能检测环境温度传感器及其线路。

3. 素养目标

（1）能在进行环境温度传感器检测前，对客户车辆做好各种防护保护措施。

（2）在进行电路测量时，能做到认真细心、严谨细致、实事求是。

（3）能对客户认真、耐心解释数据内容和故障原因。

（4）能按文明生产规则进行空调系统维护，及时清理工作现场，进行6S管理。

二、知识准备

1. 环境温度传感器的功用

环境温度传感器又称车外温度传感器，是自动空调系统的一个传感器件。

如图6-20所示，环境温度传感器一般安装在前保险杠支架上。环境温度传感器的核心是一个热敏电阻，它的作用就是用来检测环境温度的高低，将温度信息提供给空调控制模块。当汽车空调调节至自动挡时，空调控制模块将根据环境温度传感器监测到的环境温度与出风口温度传感器数值对比，来决定空调的控制方式。

图6-20　环境温度传感器安装位置

对于手动挡空调来说，一旦环境温度低于设置温度时，处于安全保护，空调控制模块将断开空调电磁离合器电源，使压缩机无法正常吸合，以免蒸发器被冻结造成高压管路压力过高发生故障。

2. 环境温度传感器的工作原理

环境温度传感器的核心元件是一个热敏电阻。热敏电阻是一种阻值随温度变化而改变的电阻元件。热敏电阻有两种：一种具有负温度特性，即随温度升高，电阻值减小；另一种具有正温度特性，即随温度升高，电阻值增大。热敏电阻式恒温器正是利用了热敏电阻的这种特性，把它作为传感器放置在被测温度处，如空调系统的风道内，同时用导线与三极管放大电路系统相连，如图6-21所示。

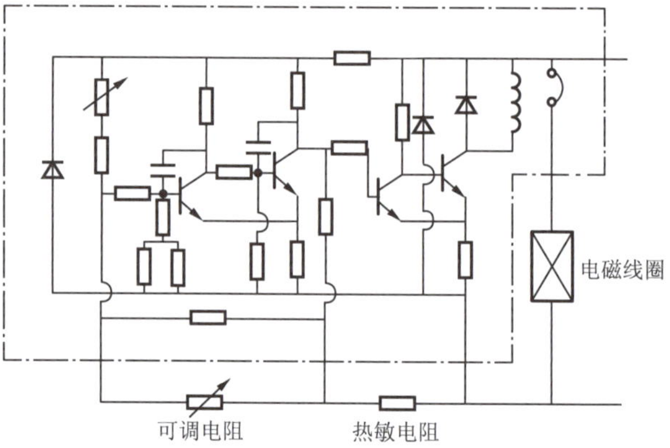

图6-21　热敏电阻式恒温器电路工作原理

环境温度传感器工作原理：温度的变化转变为电阻值的变化,进而转变为电压的变化，通过放大器控制电磁离合器动作,由此达到控制温度的目的。温度调节是靠一个附加的调温电阻调整的。恒温器中使用的热敏电阻通常采用负温度特性电阻，由于热敏电阻性能的好坏直接影响到温度调节的精度,因此,在选用时要精心挑选。

三、模块实践

（一）实践方案

1. 质量要求

参照厂家的质量标准要求，根据维修手册准确、规范地进行操作，注意保持空调制冷系统循环管路内的清洁。

2. 作业准备

（1）设备器材

别克威朗汽车一辆、车内外三件套各一套、常用工具、工具车、零件车、标保工具车、垃圾桶等。

（2）场地设施

理实一体化教室、废气排放装置、消防设施等。

（3）耗材

干净抹布。

（二）操作步骤

1. 环境温度传感器电路检测

① 将点火开关置于ON位置。确认故障诊断仪Ambient Air Temperature（环境空气温度）参数在-40～+88℃之间且随空气温度变化而变化。并确认故障诊断仪显示的Ambient Air Temperature（环境空气温度）参数在实际环境空气温度的5 ℃范围内。

② 将点火开关置于OFF位置，关闭所有车辆系统，断开B9 环境空气温度传感器的线束连接器（见图6-22）。测试低电平参考电压电路端子B（或2）和搭铁之间的电阻是否小于10 Ω。如果大于10 Ω，则检查线路是否发生断路。

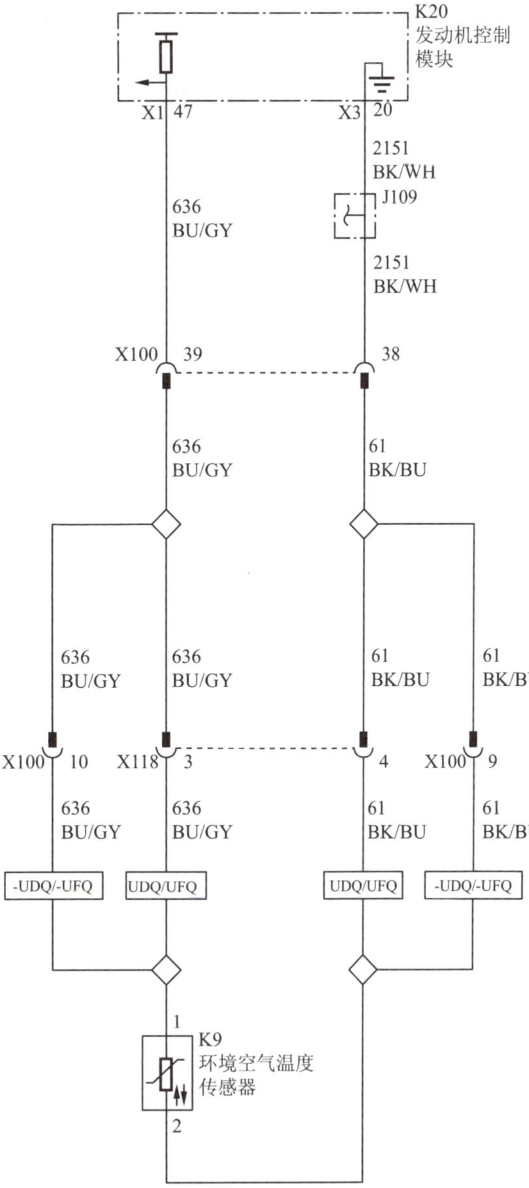

图6-22　环境温度传感器电路图

③ 将点火开关置于ON位置。确认故障诊断仪Ambient Air Temperature（环境空气温度）参数大于98%。如果小于98%，则检查线路是否与搭铁短路。

④ 在信号电路端子A（或1）和低电平参考电压电路端子B（或2）之间安装一条跨接线。确认故障诊断仪Ambient Air Temperature（环境空气温度）参数小于8%。如果大于8%，则检查线路是否发生断路或短路。

⑤ 如果上述数据均正常，则说明传感器损坏。

环境温度传感器安装位置如图6-23所示。

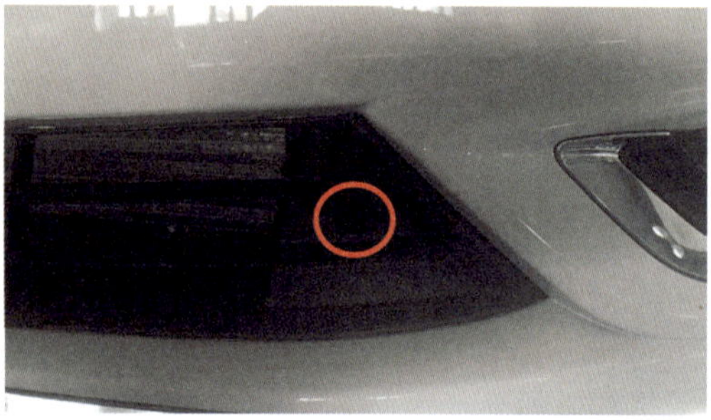

图6-23　环境温度传感器安装位置

2. 环境温度传感器检测

① 将环境温度传感器表面做防水绝缘密封处理。

② 使用烧杯、温度计、冷水及热水，将烧杯内水温调节至25 ℃。

③ 将环境温度传感器放入25 ℃水中，等待2 min，使温度传感器充分接触热量。

④ 使用万用表电阻挡，检测环境温度传感器插接器两端子间的电阻值，参考值为1 500 Ω。

⑤ 不断在烧杯中加入冷水，并在温度达到22 ℃、18 ℃、14 ℃及10 ℃时分别检测环境温度传感器电阻值，并记录。将5个温度值及其对应的传感器电阻值数据制成图表，若电阻值随着温度下降呈明显上升趋势，且曲线光滑无突变，则说明环境温度传感器工作正常，否则建议更换室外温度传感器。

四、巩固练习

1. 判断题

（1）环境温度传感器又称车外温度传感器，是自动空调系统的一个传感器件。（　　）

（2）环境温度传感器一般安装在前保险杠支架上，传感器核心是一个热敏电阻，它的作用就是用来检测环境温度的高低，将温度信息提供给空调控制模块。（　　）

（3）热敏电阻有两种：一种具有负温度特性，即随温度升高，电阻值增大；另一种具有正温度特性，即随温度升高，电阻值减小。（　　）

（4）在对环境温度传感器进行检修的时候使用万用表电阻挡测量传感器本身阻值，如果电阻不符合规定，应清洁环境温度传感器。（　　）

（5）环境温度传感器采用热敏电阻材料，具有负温度系数特性。 （ ）

2. 选择题

（1）当汽车空调调节至自动挡时，空调控制模块将根据环境温度传感器监测到的环境温度与（ ）对比，来决定空调的控制方式。

A. 出风口温度传感器数值　　B. 车内温度

C. 发动机温度　　D. 以上均不正确

（2）某空调系统工作时出风口温度显得不够低，关闭压缩机后，出风口有热气。甲说："可能是发动机过热或制冷剂加得过量引起"；乙说："可能是暖水阀关闭不严引起"，则（ ）。

A. 甲正确　　B. 乙正确

C. 两人均正确　　D. 两人均不正确

（3）空调与暖风系统暖气热量不足时，甲说："应先检查暖水阀门是否卡住"；乙说："应先检查空气混合阀门是否卡住"，则（ ）。

A. 甲正确　　B. 乙正确

C. 两人均正确　　D. 两人均不正确

（4）温度控制开关起调节车内温度的作用，其控制的电路是（ ）。

A. 鼓风机电路　　B. 电磁离合器电路

C. 混合温度门电路　　D. 冷凝器风机电路

（5）对于手动挡空调来说，一旦环境温度低于设置温度时，空调控制模块将（ ）空调电磁离合器电源，使压缩机（ ）吸合。

A. 断开，正常　　B. 断开，无法正常

C. 接通，正常　　D. 接通，无法正常

3. 简答题

（1）简述环境温度传感器的作用。

（2）简述环境温度传感器的工作原理。

（3）简述环境温度传感器的检测步骤。

五、学习评价

环境温度传感器检测

学生姓名：
作业时间：

序号	项目	评分项目	评价标准	分值	学生自评	学生互评	教师评价
1	电路检测	能在实车上找到环境温度传感器并拆卸该传感器	能正确拆卸该传感器	20			
		能对环境温度传感器信号电路进行检测	能判断该电路是否发生断路或短路故障	25			
		能对环境温度传感器搭铁电路进行检测	能判断该电路是否发生断路或短路故障	25			

续表

序号	项目	评分项目	评价标准	分值	学生自评	学生互评	教师评价
1	电路检测	能对环境温度传感器搭铁线路进行检测	检测方法正确，并能判断该传感器是否正常	20			
2	素养要求	按文明生产规则进行操作、及时清理工具和工作现场、执行6S管理		10			
项目得分				100			

知识迁移与拓展

1. 新能源汽车压缩机控制

新能源汽车压缩机通常由高压三相交流电驱动永磁无刷电机，从而带动压缩机转子转动。新能源汽车压缩机控制系统通常由压缩机、空调控制器和空调变频器组成，如图6-24所示。

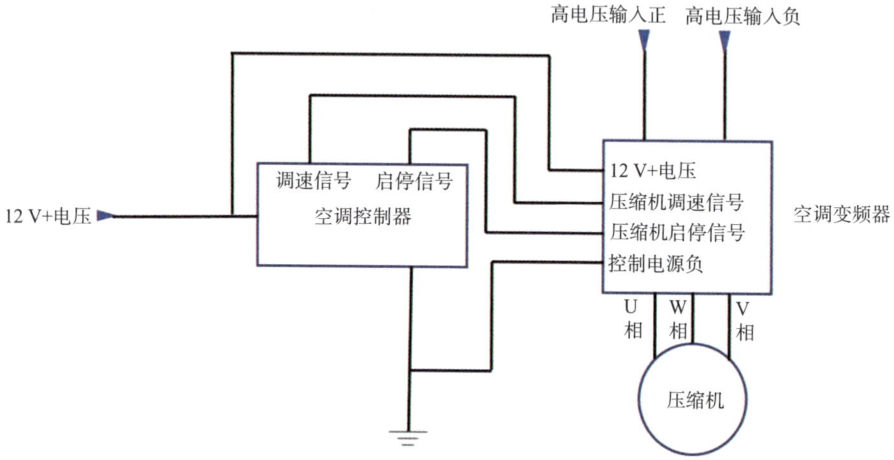

图6-24 新能源汽车压缩机控制系统

空调变频器采用低压直流电供电。当空调控制器对其输入启动信号后，空调变频器将来自高压电池的高压直流电转换成三相交流电驱动电机开始旋转。同时，因电机转子旋转时切割磁力线，会有反电动势反馈回空调变频器，空调变频器通过检测此反电动势信号判断电机转速是否达到设定值并判断电机转子位置。当转速未达到目标转速时，变频器自动调节功率开关调整电机转速，使电机转速逐渐提升直至目标转速。在压缩机工作过程中，由于环境温度变化等因素影响可能会使压缩机内部压差发生变化从而导致电机负载变化，使电机转速偏离设定值，空调变频器也可以通过反电动势检测实时监控压缩机转速并调节功率管开关速度，修正压缩机转速偏移从而保证压缩机稳定运行在设定转速。

出于安全性考虑，为防止如压缩机内部压差过大导致的电机堵转、电机短路等极端情况出现时电流过大，造成元件损坏、电路烧毁等故障，电动压缩机的变频器中采用了过流保护措施。当检测到电机电流超过保护设定值时，控制器将输出切断，压缩机停止工作。当电源电压低于保护设定值时，为节省整车用电、保护电池，欠压保护功能启动，压缩机停止工作。

空调控制器接受来自空调控制面板的AC信号输出压缩机启停信号，当空调控制器输出的启停信号为高电平时，空调变频器控制压缩机停止工作。当空调控制器输出的为低电平时，空调变频器控制压缩机开始旋转。

压缩机调速信号为压缩机转速控制信号，空调变频器根据此信号调整压缩机转速。该信号形式通常为400 Hz 的PWM占空比信号。其中，高电平为5~15V，低电平0~0.8V，PWM占空比从0~100%时按比例分别对应压缩机转速为500~3000RPM，该电平恒低时电机转速恒定为1000 RPM，恒高时转速恒定为3000 RPM。

2. 新能源汽车常用压缩机

由于效率高、动作平稳、能高速旋转三大特点，在纯电动汽车中普遍采用由电动机直接驱动的涡旋式压缩机。

涡旋式压缩机主要由三相无刷交流电机、定盘、动盘、机架、壳体等部件组成，如图6-25所示。

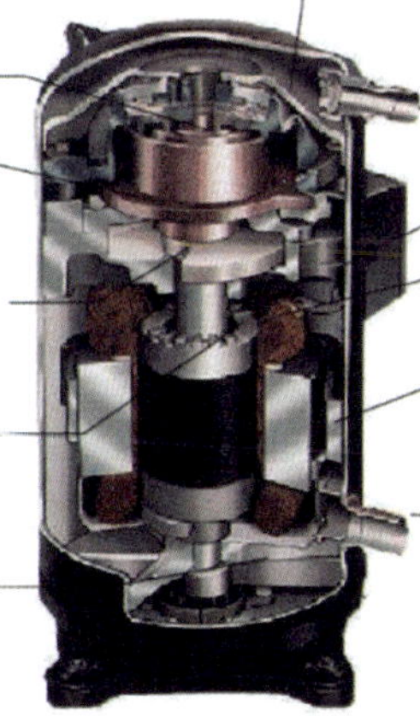

图6-25　涡旋式压缩机构造

其中，定盘和动盘是一对相错180° 的涡旋盘，其中定盘是固定涡旋盘，而动盘是旋转涡旋盘。它们在几条直线(在横截面上则是几个点)上接触并形成一系列月牙形容积。定盘和动盘及两者的装配位置，如图6-26所示。

动盘由一个偏心距很小的曲柄轴通过无刷交流电机驱动，绕定盘平动，两者间的接触线在运转中沿涡旋曲面移动。

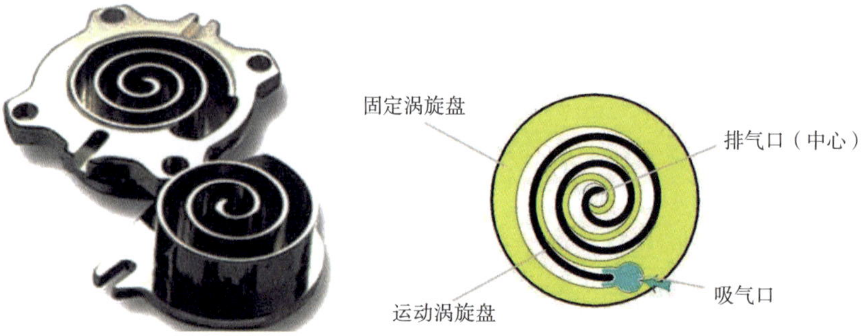

图6-26　定盘、动盘以及装配关系

在吸气、压缩、排气的工作过程中，定盘固定在机架上，动盘由偏心轴驱动并由防自转机构制约，围绕定盘基圆中心，作很小半径的平面转动。气体通过空气滤芯吸入定盘的外围，随着偏心轴的旋转，气体在定、动盘噬合所组成的若干个月牙形压缩腔内被逐步压缩，然后由定盘中心部件的轴向孔连续排出，其工作过程如图6-27所示。

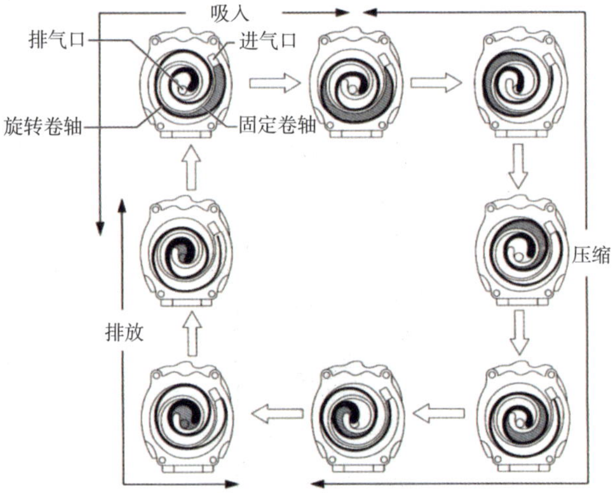

图6-27　涡旋式压缩机工作过程

由于涡旋压缩机没有往复运动机构，所以结构简单、体积小、重量轻、零件少、可靠性高。同时，涡旋式压缩机力矩变化小，平衡性高，振动小，运转平稳，从而操作简便，易于实现自动化。因此，新能源汽车普遍使用涡旋式压缩机。

项目七

出风模式无法调节故障检修

项目描述

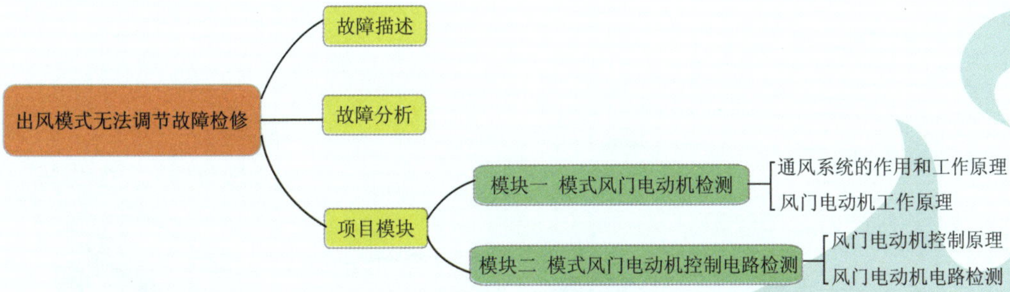

故障描述

夏天刚至，一辆2016年威朗1.6排量轿车来店维修。车主反映出风模式无法调节，经检查，发现当按下A/C开关后，压缩机能正常吸合，制冷效果正常，鼓风机工作正常，出风口风量正常。但按下出风模式切换按钮切换至除霜出风时，出风模式按钮指示灯正常切换，但出风模式仍为面部吹风，经询问，这是车主今年夏天第一次使用空调。

故障分析

经检查，确认在按下出风模式切换按钮后，出风模式按钮指示灯正常点亮，但出风模式无法从面部吹风模式切换至其他模式，可以确认故障现象为出风模式无法调节故障。由于出风模式按钮指示灯切换正常，且空调制冷效果正常，可初步判断空调控制面板部分工作正常、汽车空调制冷系统工作正常。所以，需要进一步检查空调配气系统，确认故障为配气系统模式切换部分。本项目围绕出风模式无法调节故障进行三个模块的讲授，即模式风门电动机检测、模式风门电动机控制电路检测。

项目模块

模块一　模式风门电动机检测

一、学习目标

1. 知识目标

（1）能叙述通风系统的作用。

（2）能阐述通风系统的工作原理。

（3）能阐述模式风门电动机的工作原理和组成。

2. 技能目标

（1）能拆卸模式风门电动机。

（2）能对风门执行器进行检查。

（3）能校准风门执行器。

3. 素养目标：

（1）能在进行模式电机检测前，对客户车辆做好各种防护保护措施。

（2）在进行电路测量时，能做到认真细心、严谨细致、实事求是。

（3）能对客户认真、耐心解释数据内容和故障原因。

（4）能按文明生产规则进行模式风门电机检测，及时清理工作现场，进行6S管理。

（5）通过对国产自主品牌新能源汽车相关知识的学习，学生能认同我国汽车产业技术发展，增强技术自信和自豪感。

二、知识准备

1. 汽车空调通风系统

汽车空调通风系统的主要功能是通风换气，即将车外的新鲜空气引入车内，将车内的污浊空气排出车外，使车内的空气保持新鲜，提高汽车的舒适性。同时，通风系统还具有除霜、除雾的作用。目前汽车上的通风方式有两种，一种是利用汽车行驶中产生的动压进行通风；另一种是利用车上的鼓风机进行强制通风。

（1）动压通风

动压通风又称自然通风，是利用汽车在行驶时，对车外部所产生的风压，通过进风口和排风口，实现通风换气。一般车身大部分是负压区，仅前面风窗玻璃及前围板上部等少部分为正压区，在设置时要求进风口必须装在正压区，排风口装在负压区，如图7-1所示，以便利用汽车行驶所产生的动压而引入大量的新鲜空气。这种通风方式因为不需要另外加动力，所以比较经济，但在汽车低速行驶的时候通风效果较差。

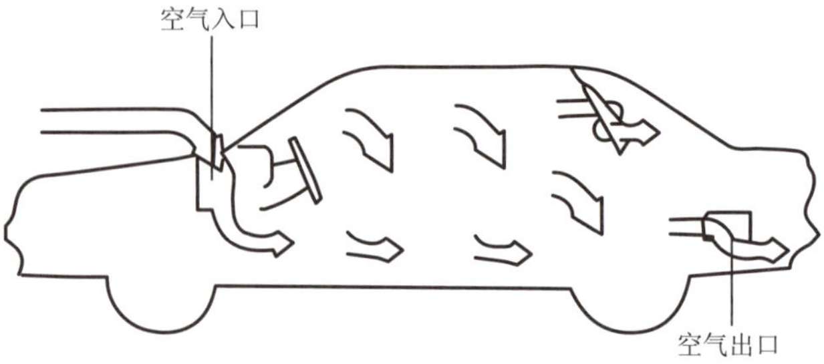

图7-1 动压通风

（2）强制通风

强制通风时采用鼓风机强制性地将外界新鲜空气引入车内，鼓风机安装在进风口处，如图7-2所示。这种通风方式不受车速的限制，通风效果好。目前汽车空调系统都是利用空调系统的鼓风机进行强制通风。

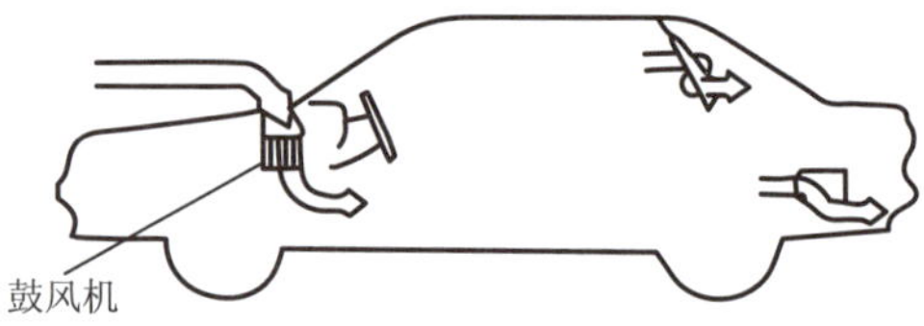

图7-2 强制通风

在汽车行驶时，强制通风和动压通风一起使用，又称综合通风。

2. 汽车空调配气系统

汽车空调不仅能将新鲜空气引入车厢内，而且能将冷气、热风、新鲜空气有机地进行配合调节，形成冷暖适宜的气流吹出。配气系统常见的空气混合方式有：

（1）冷暖风独立式

制冷和暖风两套机构完全各自独立，温度控制系统也完全分开（见图7-3）。制冷完全是内循环（吸入车内空气），采暖可用内循环空气，也可吸入车外新风。

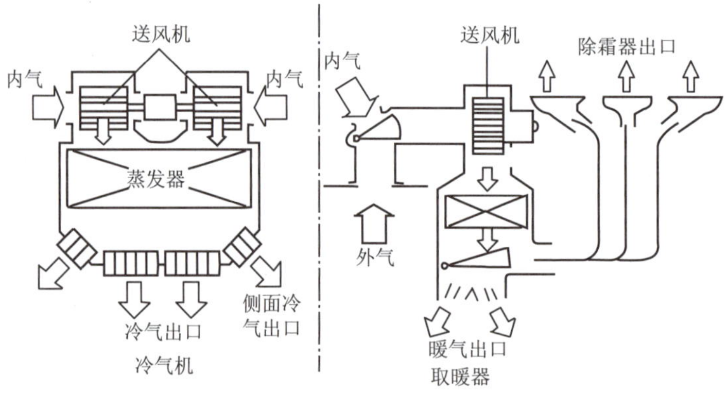

图7-3 冷暖风独立式

（2）冷风、暖风转换式

在暖风机的基础上增加蒸发器芯子及冷气出口（见图7-4），但制冷工作与采暖工作各自分开，不能同时工作（桑塔纳轿车就属于此种）。车内部分形状根据仪表板下空间设计，由几部分拼接而成。

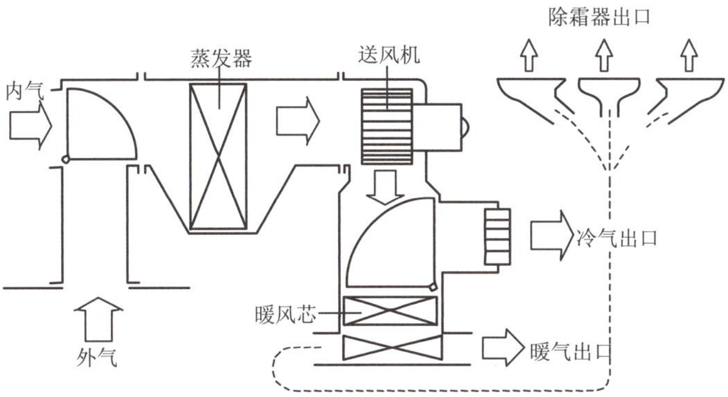

图7-4　冷风、暖风转换式

（3）空气混合式

制冷和采暖完全用一套温度控制系统，可同时工作。采暖和制冷，从冷到热温度连续调节。车内部分形状根据仪表板下面空间设计，是一个整体外壳，又分空气混合型和再加热型两种。目前很多车辆采用这种配气方式，它是在蒸发器与加热器之间设置了可连续改变角度的混合风门，从蒸发器出来的空气可根据需要全部或部分通过加热器(暖风芯子)，经过蒸发器的空气被冷却后（一般都降温到露点以下）被除湿，出来的空气虽然绝对含水量下降，但相对湿度却在95%以上，人会感到不舒服，经加热器部分加热后，温度升高，相对湿度下降。相对湿度下降的程度，对空气混合式主要靠调节混合风门来实现；对再加热式主要靠调节热水阀门开度来实现。这种调温调湿空调可全天候使用。

由于空气经过加热，温度会升高，为保证达到相同的出风温度，需要加大制冷剂量，即对从蒸发器出来的空气是经过深度冷却的，这样制冷设备及功耗都要加大一些。

3. 模式风门电动机的结构及工作原理

想要改变空调配气系统的出风模式甚至是出风温度，就必须切换不同的风门对风道内的气流进行控制。通常控制风门的方式有3种：真空阀控制、拉锁控制和伺服电动机控制。

其中，拉锁式的成本最低，但操作烦琐费力，已经逐渐被淘汰；而真空阀控制，操作轻便但结构复杂，且可靠程度依赖于发动机的工作状态。

随着人们对汽车产品质量要求的提升，舒适性越来越成为人们评价汽车优劣的首要因素。自动空调就是在这种情况下，得到了越来越广泛的应用。作为自动空调的主要执行元件，伺服电动机得到了广泛的应用。

常见的模式风门电动机主要是通过一个直流电动机，其输出轴带动蜗杆运转，而作为减速机构的涡轮输出一定的转速和扭矩来驱动摇臂，摇臂则带动风门进行开闭，如图7-5所示。

图7-5　模式风门电动机内部结构

三、模块实践

（一）实践方案

1. 质量要求

参照厂家的质量标准要求，根据维修手册准确、规范地进行操作。

2. 作业准备

（1）设备器材

别克威朗汽车一辆、万用表、车内外三件套各一套、常用工具、工具车、零件车、标保工具车、垃圾桶等。

（2）场地设施

理实一体化教室、废气排放装置、消防设施等。

（3）耗材

干净抹布。

（二）操作步骤

威朗风门控制和温度控制由三个执行器（控制电动机）完成，分别是模式执行器、空气温度执行器和再循环执行器，各执行器位置如图7-6所示。

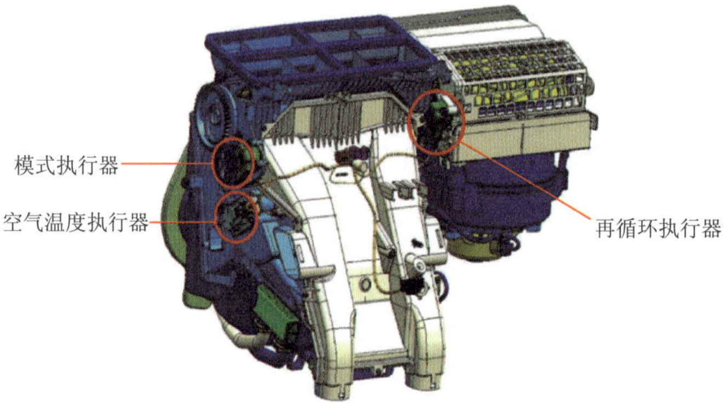

图7-6　威朗各执行器位置

1. 风门执行器拆卸（以模式执行器为例）

① 拆卸驾驶人侧储物箱。

② 拆卸仪表板。

③ 拆下左侧风道及中央风道。

④ 松开模式模式风门电动机固定螺栓，取下模式模式风门电动机，如图7-7所示。

注意事项

拆卸时需注意，不可拽拉摇臂，防止摇臂变形。否则，会导致风门开启、关闭不严故障产生。

2. 检查风门执行器

① 检查与执行器连接的连杆、凸轮是否有弯曲、损坏（见图7-8）。

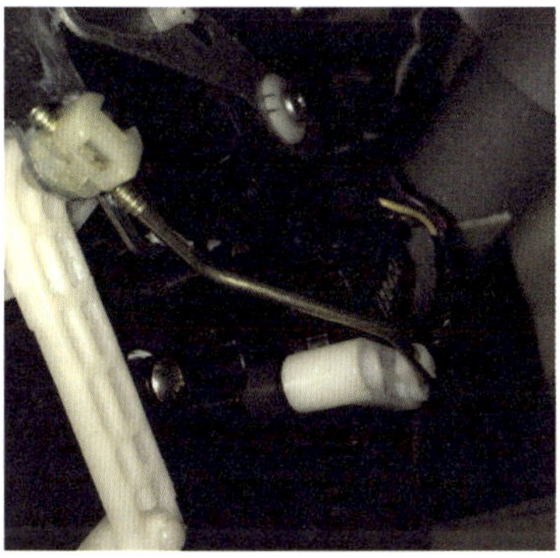

图7-7　拆卸模式执行器

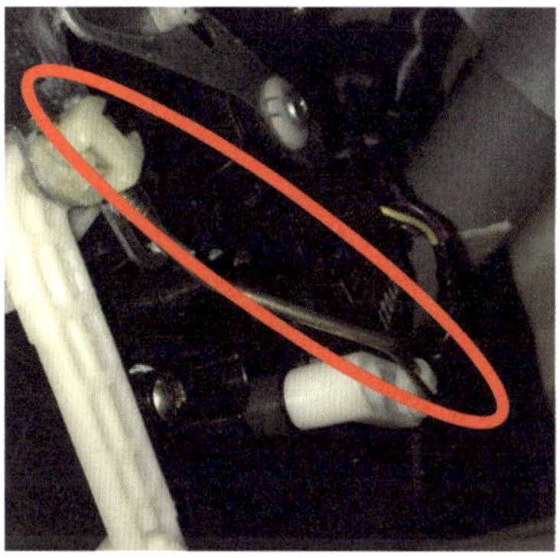

图7-8　检查风门执行器

② 检查与执行器连接的齿轮安装是否到位、各齿轮是否损坏。

③ 用手转动整个执行器，在整个行程范围内不得有卡滞或阻碍现象。

3. 校准风门执行器

① 安装各部件。

② 清除所有诊断故障码。

③ 将点火开关置于OFF位置。

④ 拆下HVAC控制模块熔丝至少10 s。

⑤ 安装HVAC控制模块熔丝。

⑥ 启动车辆。

⑦ 等待40 s，使HVAC控制模块执行自校准。

四、巩固练习

1. 判断题

（1）动压通风又称自然通风，是利用汽车在行驶时，对车外部所产生的风压，通过进风口和排风口，实现通风换气。（　　）

（2）汽车空调不仅能将新鲜空气引入车厢内，而且能将冷气、热风、新鲜空气有机地进行配合调节，形成冷暖适宜的气流吹出。（　　）

（3）自动空调风门控制机构是由真空控制阀构成的。（　　）

（4）人体感觉舒适与温度、湿度及风量有关。（　　）

（5）动压通风方式不受车速的限制，通风效果好。（　　）

2. 选择题

（1）通风系统能够实现（　　）。

A. 将车外的新鲜空气引入车内　　B. 将车内的污浊空气排出车外

C. 保持车内空气新鲜　　D. 提高汽车的舒适性

（2）膨胀阀系统中的储液干燥器安装于（　　）。

A. 膨胀阀入口冷凝器出口　　B. 蒸发器出口压缩机入口

C. 压缩机出口冷凝器入口　　D. 蒸发器与膨胀阀中间

（3）汽车空调的通风方法有（　　）。

A. 自然通风　　B. 强制通风　　C. 顶面通风法　　D. A、B都是

（4）风门对风道内的气流进行控制，下列描述不正确的是（　　）。

A. 真空阀控制　　B. 拉锁控制

C. 伺服电动机控制　　D. 以上都不对

（5）通常模式风门电动机采用（　　）。

A. 永磁同步电动机　　B. 直流有刷电动机

C. 开关磁阻电动机　　D. 步进电动机

3. 简答题

（1）简述模式风门电动机的工作原理?

（2）简述模式风门电动机的检修步骤。

五、学习评价

模式风门电动机检测

学生姓名：

作业时间：

序号	项目	评分项目	评价标准	分值	学生自评	学生互评	教师评价
1	拆卸风门执行器	拆卸驾驶人侧储物箱	能拆卸该部件	5			
		拆卸仪表板	能拆卸该部件	10			
		拆卸左侧风道和中央风道	能拆卸该部件	5			
		拆卸风门电动机	能拆卸该部件	10			
2	检查风门执行器	检查执行器连杆、凸轮	连杆、凸轮是否有弯曲、变形	15			
		检查执行器齿轮	齿轮是否安装到位、齿轮是否损坏	15			
		检查执行器传动情况	转动无卡滞或阻碍	15			
3	校准风门执行器	完成校准程序	能正确进行执行器校准	15			
4	素养要求	按文明生产规则进行操作、及时清理工具和工作现场、执行6S管理		10			
项目得分				100			

模块二　模式风门电动机控制电路检测

一、学习目标

1. 知识目标

能阐述模式风门电动机控制原理。

2. 技能目标

（1）能识读风门控制电路。

（2）能对风门控制电路进行检测。

3. 素养目标

（1）能在进行风门控制电路检测前，对客户车辆做好各种防护保护措施。

（2）能与团队成员友善并有效沟通，认真分析问题，提出合理的故障维修方案。

（3）在进行电路测量时，能做到认真细心、严谨细致、实事求是。

（4）能对客户认真、耐心解释数据内容和故障原因。

（5）能从实际工作案例中，不断提高自身技术水平，做到精益求精。

（6）能按文明生产规则进行模式风门电动机控制电路检测，及时清理工作现场，进行6S管理。

二、知识准备

1. 配气混合控制原理

这种配气系统一般由3部分构成：第一部分为空气进入段，主要由气源门和伺服器组成，用来控制室内循环空气和室外新鲜空气进入；第二部分为空气混合段，主要由蒸发器、加热器和调温门组成，用来调节所需温度的空气；第三部分为空气分配段，分别可使空气吹向面部、脚部和风窗玻璃上，主要包括中风门、下风门、除霜门和上、中、下风口。

汽车空调配气系统主要工作过程如下：

① 空气进入段的气源门用于控制新鲜空气和室内空气的循环比例。例如：当夏季室外温度较高、冬季室外温度较低的情况下，尽量开小风门叶片，使压缩机运行时间减少。当汽车长期运行时，车内空气品质下降，这时应定期开大风门叶片。一般气源门开启比例为15%～30%。

② 空气混合段的调温门主要用于调节通过加热器的空气量，实现降温、除湿。当调温门处于全开位置状态时冷空气经过加热器，当调温门处于全闭位置状态时冷空气不经过加热器。这样只要调温门处于全开或全闭位置，就能得到最高或最低温度空气。另外，也可调节调温门处于全开或全闭之间的不同位置，得到不同温度和湿度的空气。

③ 空气分配段的除霜门、中风门、下风门，可调节空调风吹向风窗玻璃、乘客的中上部或脚部。另外，通过改变控制空调器内风机转速，可调节空调出风的流量，从而调节人体感觉的温度。

2. 模式风门电动机控制电路原理

模式风门电动机的旋转位置通过装配在输出齿轮上的弹刷来控制，弹刷在电路板上的位置决定旋转角度，其控制电路一般有3种：一种是靠驱动芯片控制的，这种电动机内部结构为步进电动机，主要用在混合风门上；一种是靠反馈电压来确定输出齿轮旋转位置的，这种方式的电路板上都带一段碳膜，面板通过弹刷反馈的电压值来控制角度，这种电动机一般用在模式风门上；还有一种是直接通过铜膜与弹刷的通断来控制两个极限点，这样的电动机一般用在循环风门上，如图7-9所示。

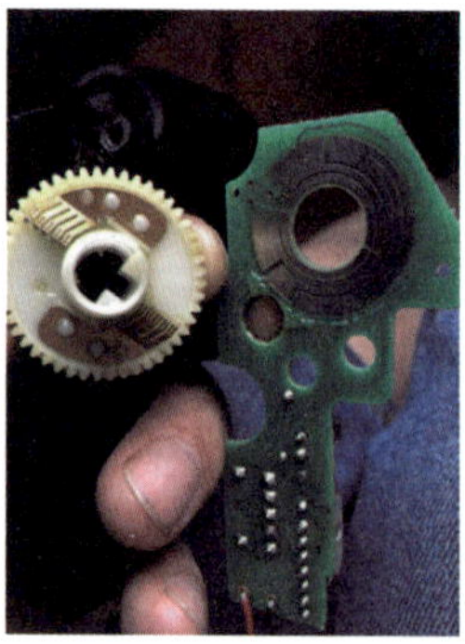

图7-9　模式风门电动机控制电路

汽车空调伺服电动机的旋转角度则可以由汽车空调控制模块来控制及检测，伺服电动机位置传感器检测电动机在工作时主轴的转角。伺服电动机位置传感器的工作电压为5 V，其信号输出电压值的大小反映出伺服电动机主轴的转角。例如：伺服电动机输出主轴的转角为0～180°，其对应位置传感器输出信号电压为0～5 V；如伺服电动机正工作时，其位置传感器输出的信号电压为2.5 V，则此伺服电动机的输出主轴的转角为90°。

需要注意的是，在更换汽车空调风门伺服电动机时，在更换之前将伺服电动机调至起始位置，同时也将风门手动调节到起始位置；然后将伺服电动机安装上去。这样能避免安装错位造成混合风门开闭不到位的故障。

三、模块实践

（一）实践方案

1. 质量要求

参照厂家的质量标准要求，根据维修手册准确、规范地进行操作，注意保持空调制冷系统循环管路内的清洁。

2. 作业准备

（1）设备器材

别克威朗汽车一辆、万用表、车内外三件套各一套、常用工具、工具车、零件车、标保工具车、垃圾桶等。

（2）场地设施

理实一体化教室、废气排放装置、消防设施等。

（3）耗材

干净抹布。

（二）操作步骤

1. 威朗风门执行器控制电路

风门执行器是5线步进电动机。HVAC控制模块向步进电动机提供12 V参考电压，并用脉冲搭铁信号向4个步进电动机线圈供电。步进电动机将风门移动至计算位置，以到达所选位置。如果是新的步进电动机，则应对其零点进行校准。步进电动机校准后，HVAC控制模块能够驱动相应的线圈，以到达期望的风门位置。风门执行器控制电路如图7-10所示。

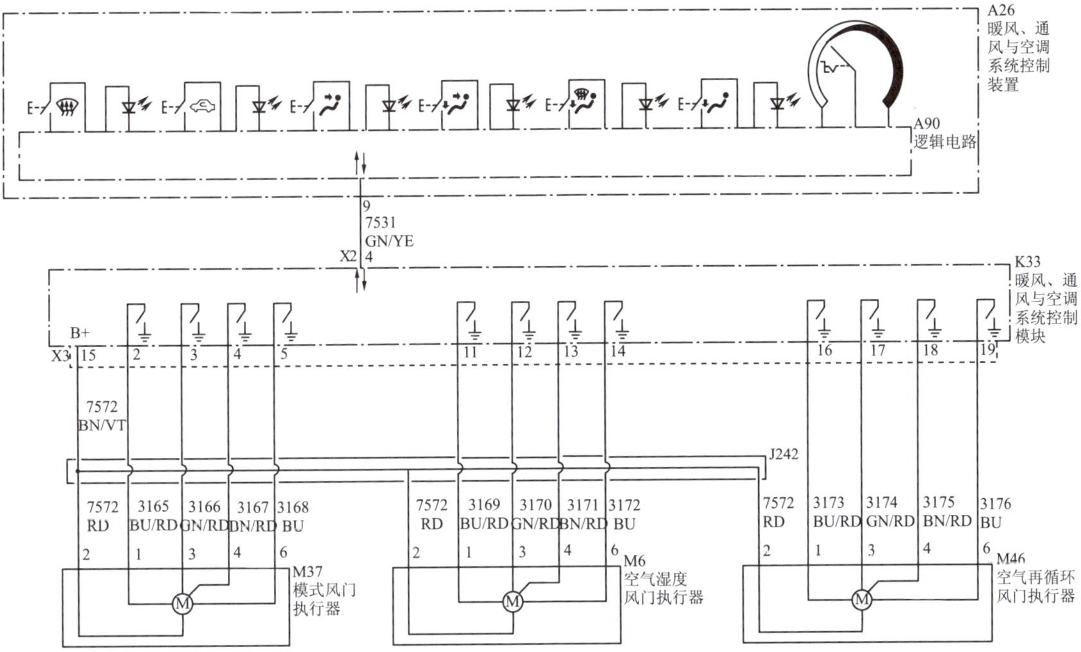

图7-10　风门执行器控制电路

2. 检测模式风门电动机控制电路

① 将点火开关置于OFF位置，断开相应的车门执行器处的线束连接器和K33 暖风、通风与空调系统(HVAC) 控制模块处的线束连接器J242，再将点火开关置于ON位置。

② 确认B+ 电路端子2和搭铁之间的试灯点亮。如果试灯未点亮，则检查线路是否发生断路或短路。

③ 测试搭铁和各控制电路之间的电压是否小于1V。如果大于1V，则检查线路是否和电源短路。

④ 将点火开关置于OFF位置。 测试搭铁和各控制电路之间的电阻是否为无穷大。如果不为无穷大，则说明线路与搭铁短路。

⑤ 如果以上数据均正常，则说明执行器损坏。

四、巩固练习

1. 判断题

（1）空气进入段的风门用于控制新鲜空气和室内空气的循环比例。（　　）

（2）伺服电动机的转控角度则可以由汽车空调控制模块来控制及检测。伺服电动机位置传感器检测电动机在工作时主轴的转角。（　　）

（3）在更换伺服电动机时，需要确保其与风门角度保持一致。（　　）

（4）空气混合段的调温门主要用于调节通过加热器的空气量，实现降温除湿的变化。（　　）

（5）不能通过改变控制空调器内风机转速，调节空调出风的流量，来改变人体感觉的温度。（　　）

2. 选择题

（1）下列说法不正确的是（　　）。

A. 轿车常常采用非独立式制冷装置，由发动机驱动制冷压缩机

B. 检视镜、干燥过滤器和储液器设计成一个整体

C. 现代轿车多采用全空调方式，加热器芯与蒸发器芯置入一个壳体内，组成冷气、暖气为一体的空调系统，安装在仪表板内

D. 蒸发器大多放在仪表板中间或者是下方，也有分置于前后部的，以利送风均匀

（2）混合配气系统一般由三部分构成，分别是（　　）。

A. 空气进入段、空气混合段、空气分配段

B. 空气进入段、空气混合段、空气压缩段

C. 空气进入段、空气压缩段、空气排出段

D. 以上都不对

（3）空气进入段的气源门用于控制新鲜空气和室内空气的循环比例，一般气源门开启比例为（　　）。

A. 0～15%　　B. 15%～30%　　C. 30%～45%　　D. 45%～60%

3. 简答题

（1）简述伺服电动机的控制原理。

（2）简述伺服电动机的检测步骤。

五、学习评价

模式风门电动机控制电路检测							
学生姓名： 作业时间：							
序号	项目	评分项目	评价标准	分值	学生自评	学生互评	教师评价
1	电路检测	拆卸附件，并断开模式风门电动机线束连接器	断开线束连接器前须关闭点火开关	20			
		检测模式风门电动机电源电路	检测方法正确，并能判断该电路是否发生断路或短路故障	25			
		检测风门控制电路	检测方法正确，并能判断该电路是否发生断路或短路故障	25			
		检测搭铁电路	检测方法正确，并能判断该电路是否发生断路或短路故障	20			
2	素养要求	按文明生产规则进行操作、及时清理工具和工作现场、执行6S管理		10			
项目得分				100			

知识迁移与拓展

以往车辆的空调系统，主要是利用发动机的废热加热冷却水，进行室内采暖。但是新能源汽车由于没有发动机（纯电动汽车），或者发动机停机时间较长（混合动力汽车），无法像传统车辆一样利用发动机热源进行采暖。因此，大部分新能源汽车都采用电加热器（PTC加热器）进行空调系统的制暖。

电加热器的是利用PTC热敏电阻进行发热。PTC加热器具有电流流动时温度迅速上升，达到居里点时电阻值陡增，然后抑制发热，保持PTC加热器自身恒温的特性，如图7-11所示。

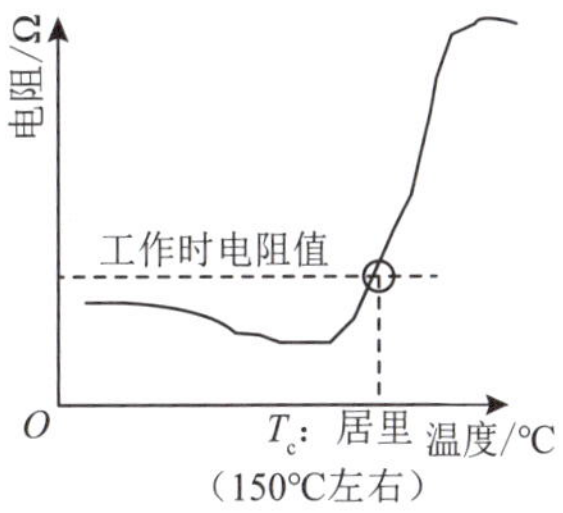

图7-11　PTC特性

PTC加热器是将PTC元件装在散热片上，如图7-12所示。当加以高电压可以获得数千瓦的热量。

PTC加热器通常安装在空调系统风路中，通电就能够得到热量，如图7-13所示。

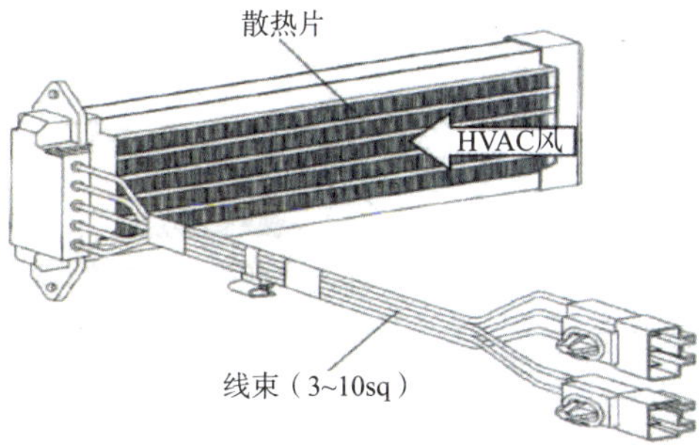

图7-12　PTC加热器

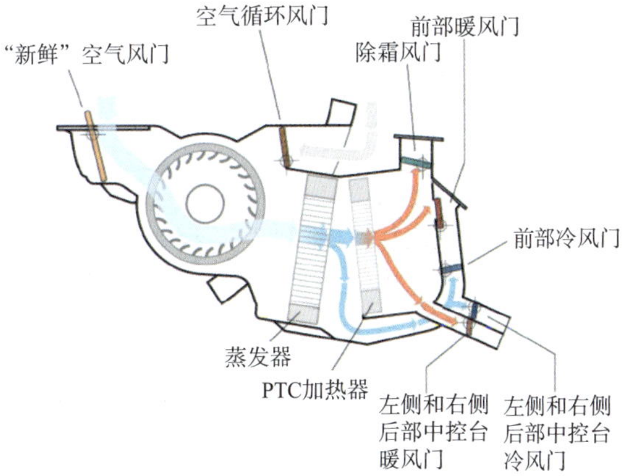

图7-13　PTC加热器安装位置

现今的PTC加热器集成了控制器，由整车控制器VCU和空调控制器共同控制。当驾驶员进行制热操作时，空调控制面板向空调控制器发送PTC启动请求，空调控制器随后向VCU询问驱动电池电量。当驱动电池电量达到PTC启动条件时，VCU向空调控制面板发送PTC许可信号，PTC加热器启动。PTC加热器控制逻辑如图7-14所示。

目前，大部分PTC加热器装有2至3个不同功率的PTC元件，以满足不同的制热要求，同时加热器内部安装温度传感器以防止部件高温损伤，如图7-15所示。

也有部分新能源汽车PTC加热元件并未直接安装在风道中，而是通过加热冷却液来实现采暖，如图7-16所示。

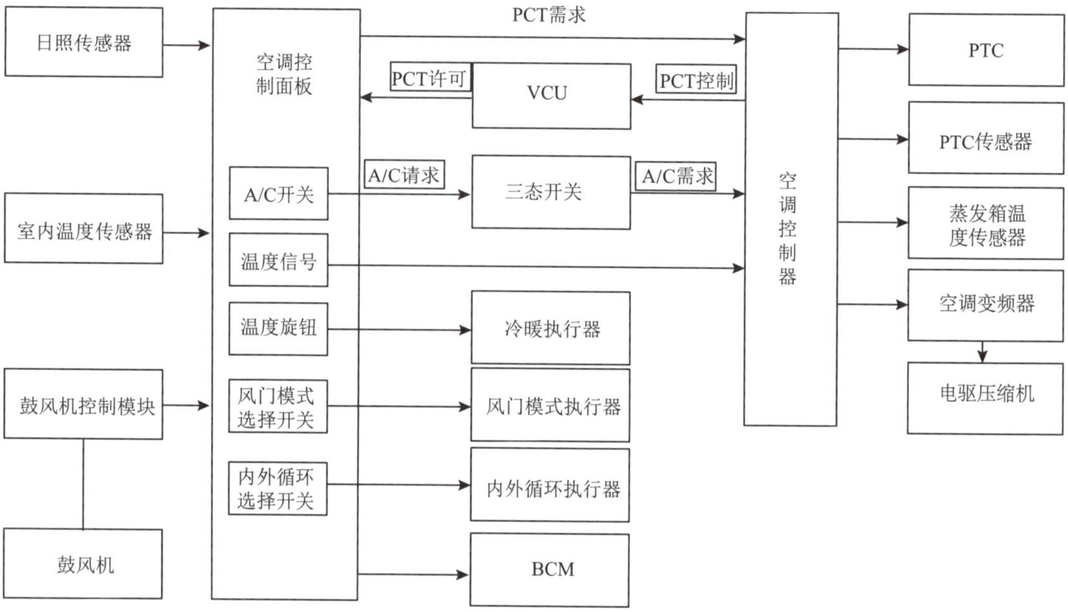

图7-14　PTC加热器控制逻辑

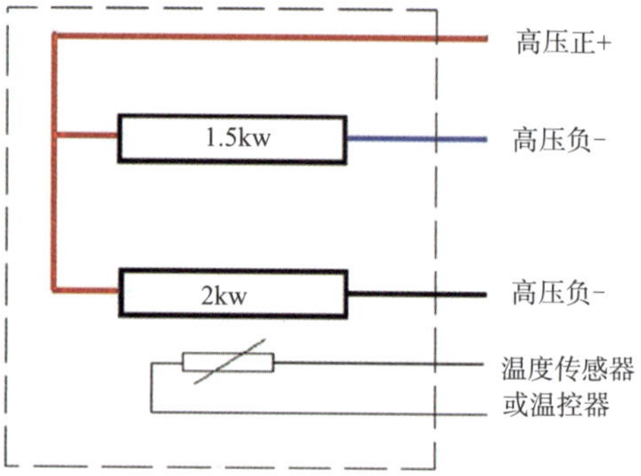

图7-15　PTC加热器原理图

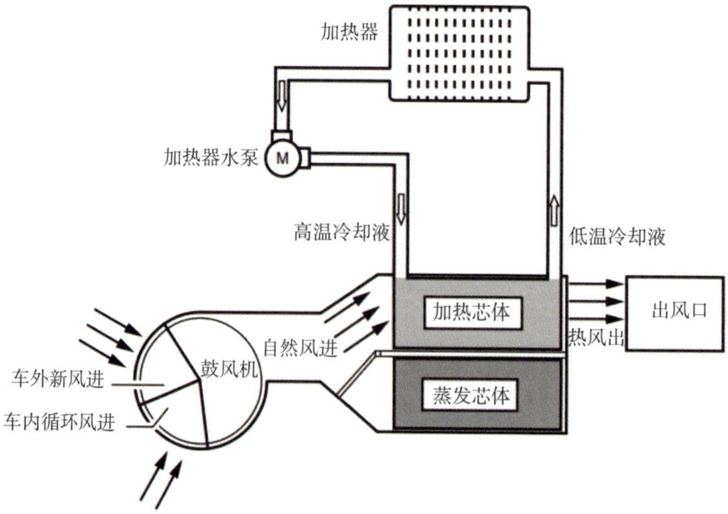

图7-16　吉利帝豪暖风系统

附录A 模块电源、搭铁、串行数据和鼓风机控制装置电路图

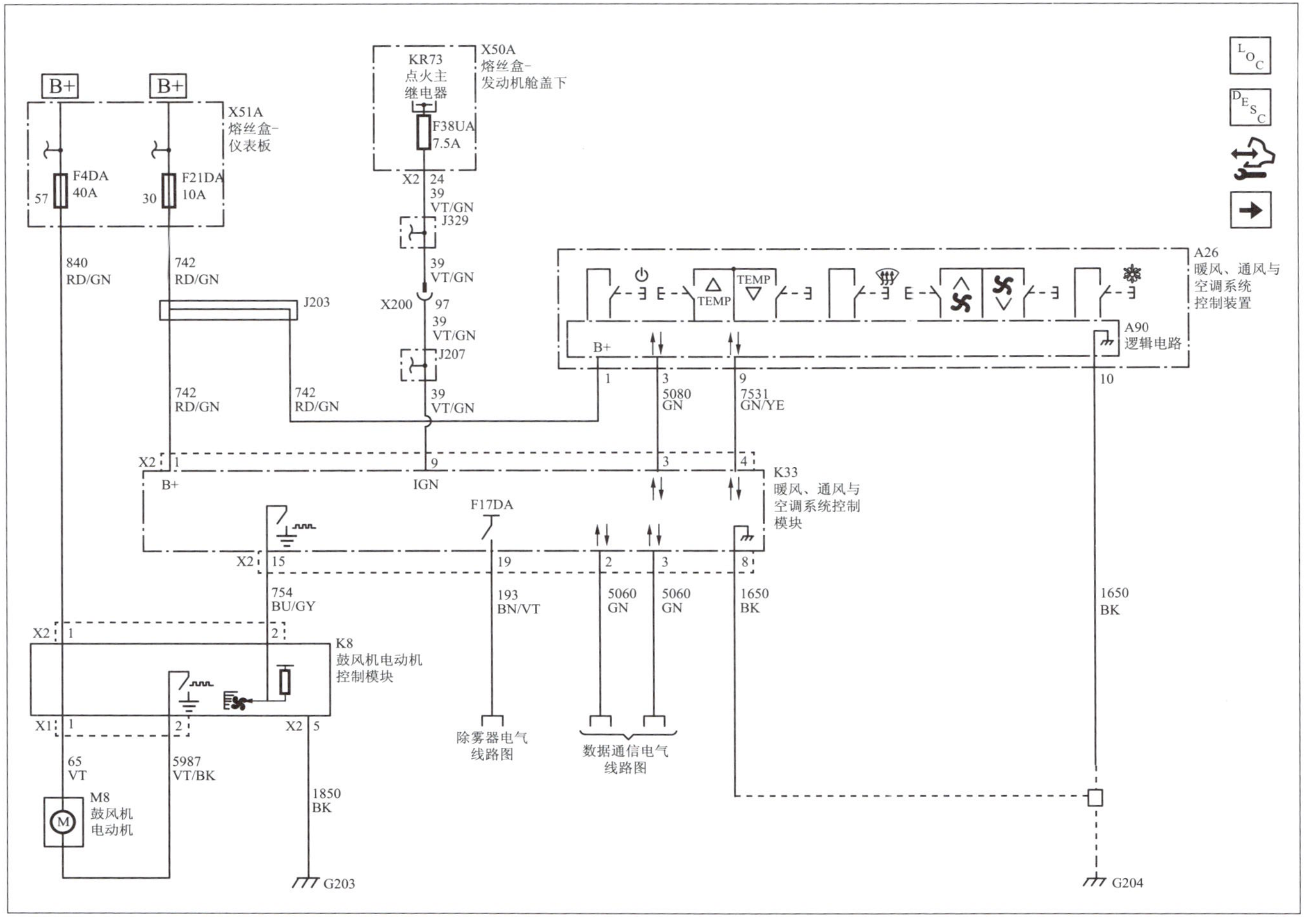

附录B 送风和温度控制装置电路图

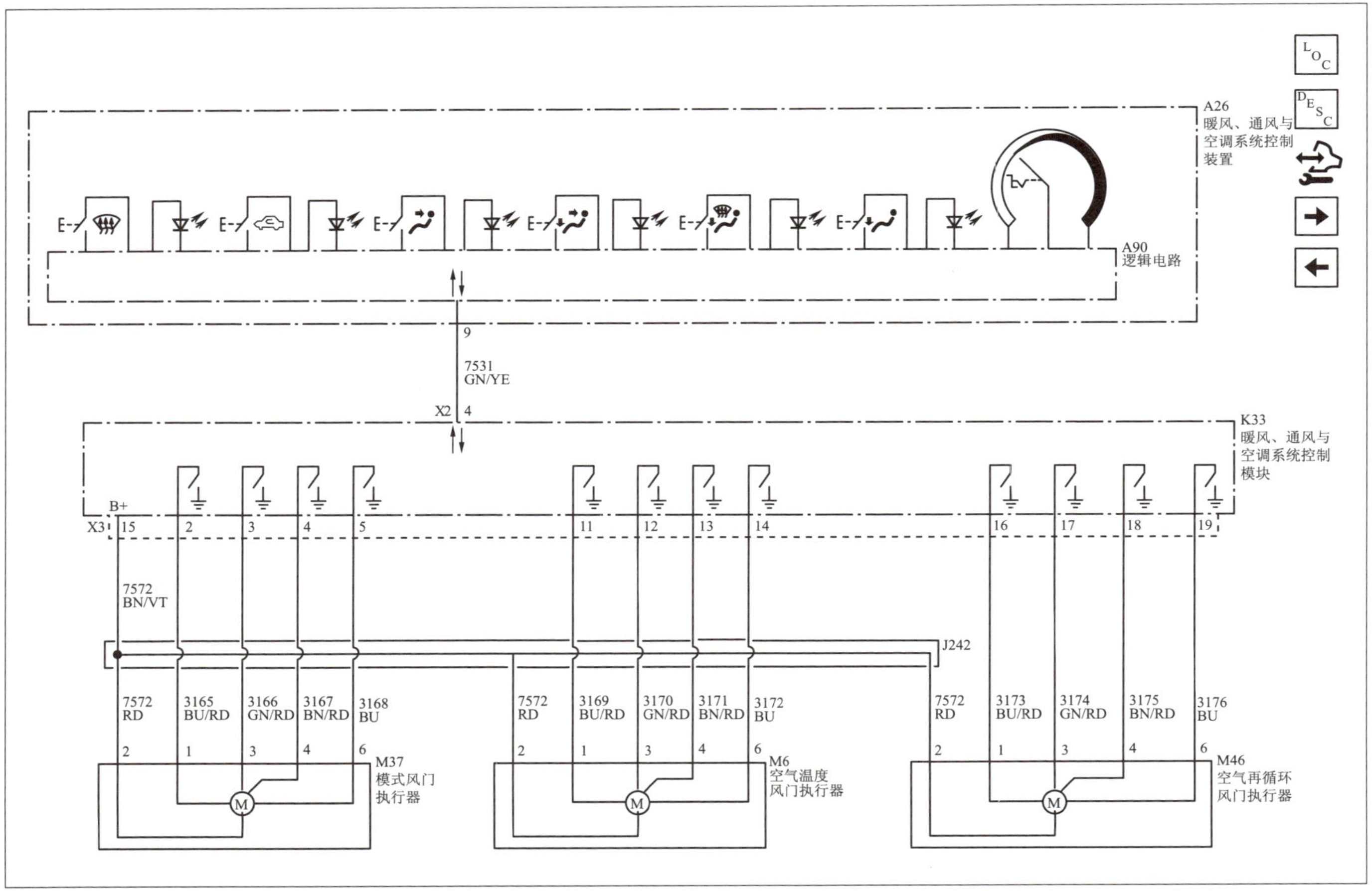

附录C 送风和温度控制装置压缩机控制装置和蒸发器温度传感器电路图

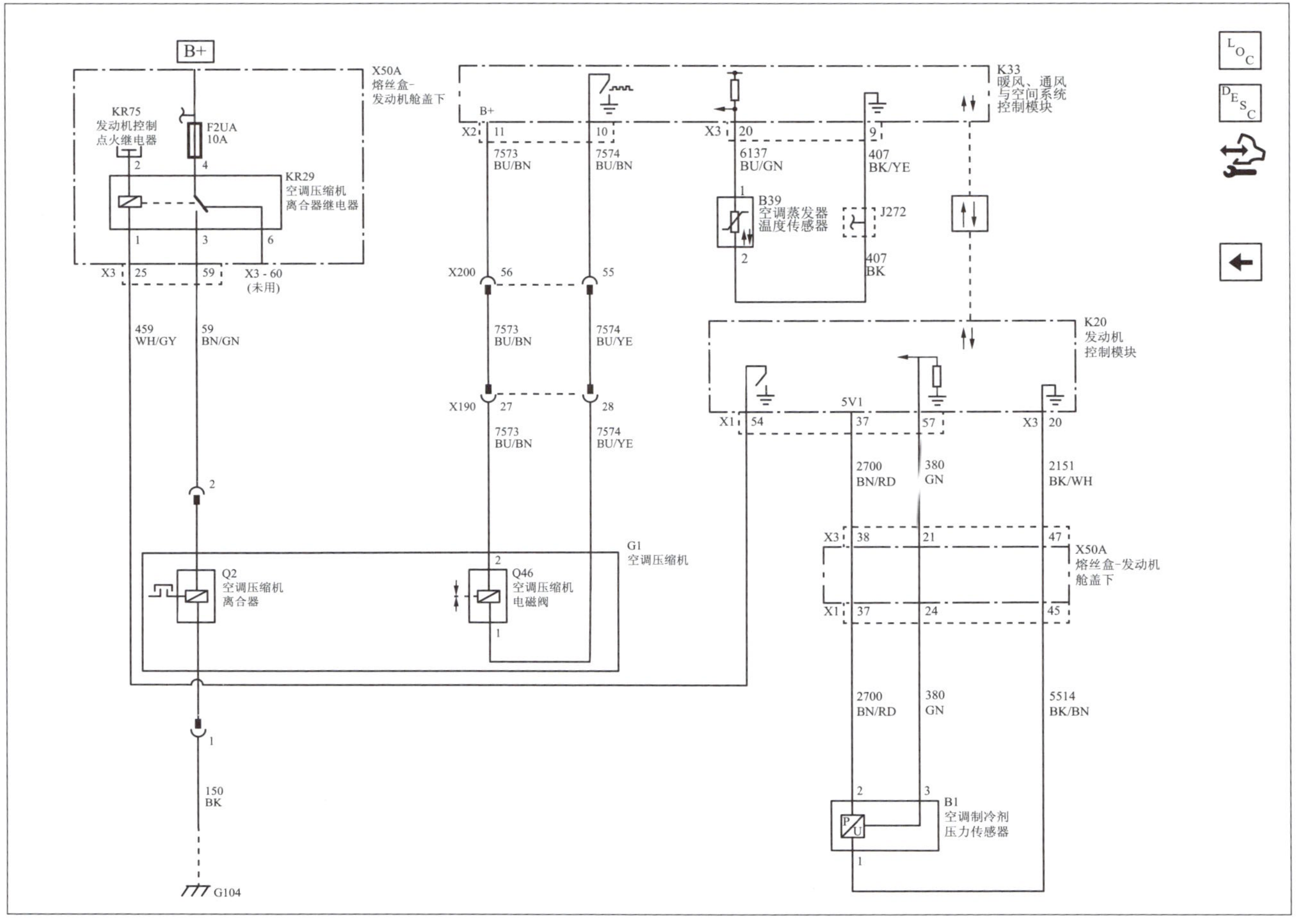

参 考 文 献

[1] 黄远雄．汽车空调维修[M]．北京：化学工业出版社，2009．

[2] 黄天泽．汽车空调系统设计与使用维修[M]．北京：北京理工大学出版社，1997．

[3] 丁问司，谭本忠．汽车空调维修教程[M]．北京：机械工业出版社，2007．

[4] B.H.德维金斯．汽车空调原理与维修[M]．北京：机械工业出版社，2006．

[5] 范爱民．汽车空调结构原理与维修[M]．北京：机械工业出版社，2009．

[6] 庞柳军．汽车空调系统维修[M]．北京：人民交通出版社，2012．